本书得到福建省软科学项目
“区域产业品牌伞策略研究”
(2010R0093)的资助。

区域产业品牌案例研究

Cases Study of Location Industry Branding

林升栋/编著

厦门大学出版社
XIAMEN UNIVERSITY PRESS
国家一级出版社
全国百佳图书出版单位

目 录

一、区域产业品牌化背景 …… 1
二、天津大麻花的“公地悲剧” …… 4
三、北京烤鸭水土不服的困惑 …… 10
四、广东凉茶突破两广的启示 …… 17
五、仙游红木家具初现鲶鱼效应 …… 27
六、惠安石雕 B-B 思考的局限 …… 34
七、安溪铁观音渠道之病 …… 43
八、法国葡萄酒生产暨文化 …… 50
九、加州牛奶广告建奇功 …… 60
十、瑞士钟表良性竞争和谐发展 …… 67
十一、意大利瓷砖融合本国文化基因 …… 78
十二、温州鞋业涅槃腾飞 …… 95
十三、晋江运动鞋的崛起与瓶颈 …… 103
十四、没落的顺德家具神话 …… 118
十五、798 文化创意产业传奇 …… 131
十六、台湾新竹玻璃浴火重生 …… 143
十七、澄海玩具借力动漫文化 …… 154
十八、区域产业品牌案例研究总结 …… 162

一、区域产业品牌化背景

随着经济的全球化，人口、资本和企业的流动越来越快，区域之间争夺资源的竞争也趋于白热化。由于传统地理标志产品的挖掘（如镇江陈醋）和现代产业的聚集（如中关村电子），许多地方产生了支撑本地经济和社会发展的特色产业和优势产业。为了增加这些产业的市场附加价值，充分发挥产业聚集的地缘优势，许多地方政府和行业协会开始实施区域产业品牌化战略。

区域产业品牌一般由“区域的地理名称”和“产业名称”结合而成，其主要来源是地理标志产品的广泛市场认知和现代产业的聚集。我国地大物博，加上历史悠久，地理标志产品的资源丰富。地理标志产品是来源于某区域并主要由该区域的自然因素或者人文因素决定其质量、信誉和其他特征的产品（如广东凉茶、安溪铁观音）。改革开放三十年更造就了支撑中国经济发展的、遍布全国的大大小小的产业群落（如顺德家具、温州皮鞋）。丰富的地理标志性产品和众多产业群落成为区域产业品牌化战略实施的重要驱动力。

区域产业品牌化战略的目标，是为区域内从事特色产业的企业拓展区域外市场提供背书，从而让区域外的消费者更易接受其产品和服务；同时借由区域内众多被背书企业提供的优质产品和服务，强化区域外消费者对区域产业品牌的好感，两者形成良性互动。这种关系就好比宝洁品牌与旗下产品品牌（像海飞丝、沙宣、潘婷、飘柔）之间的关系，宝洁为其旗下产品品牌提供了强有力的“优质产品”背书，产品品牌的卓越表现反过来强化消费者对宝洁背书的信任。朱辉煌(2009)借用这种企业品牌伞的说法指出，区域产业品牌和区内产业大大小小的企业及其产品的组合关系也是一种伞状结构，区域产业品牌为个体企业背书，起遮风挡雨的保护伞效果，促进和提高消费者对产品和服务的信任度和接受度；区域产业品牌也借由区内从事特色产业的众多中小企业的表现，聚沙成塔，集腋成裘，产生“鱼群”效应①，将区域产业品牌伞越做越大。

我国有许多中小企业，这些企业的困境在于资金薄弱，无力自建品牌。许多区域特色产业往往由中小企业构成，以莆田仙游的红木家具为例，仅仙游坝下村就有好几百家古典家具生产企业。在西方，品牌的形成十分漫长，当学术界对品牌感兴趣时，许多品牌已经是“现有”的，因此其理论关注的是成熟品牌的维护与管理。对中国企业来说，更重要的是创牌，即创建一个品牌并将其培育到成熟阶段。西方国家已经有成熟的品牌，只需考虑如何把它们做下去。对中国人来说，要从头创建一个品牌，就需要超越现有西方理论的思

---

① 海中成群游动的鱼，纷乱而有序。随着洋流和食物，忽东忽西，整齐划一；遇到猎手攻击的时候，倏忽聚散，就像一个严密分工协作的组织。然而，鱼没有那么发达的大脑和神经，它们不是靠有意识的组织、调度而形成整体，而是依靠简单的进化本能。鱼身体两侧都有一条颜色特殊的侧线，每条鱼都以周围一两条同伴的侧线为观察标志，调节自己的游向和速度，以维持适当的距离。借助这一简单的负反馈机制，鱼群形成特定的自组织方式。鱼，单独游动和在鱼群里，利益和安全性不同。单独行动盲目，捕食和逃避猎手都缺乏保证。而在鱼群里，一条鱼发现食物，通过侧线反馈机制，整群鱼都得到信息，达到集体觅食的效果。当有猎手接近和攻击的时候，鱼群边缘的鱼就快速逃避，通过侧线反馈机制，整群鱼产生倏忽的散聚。鱼群的聚集，对于猎手，鲨鱼和鲸鱼，即是个诱惑，又是个陷阱。好像猎物很多，等你扑过去，实际上很难有收获。一方面是鱼群闪动的鳞光，会起到干扰和分散猎手注意力的效果；一方面当近处的鱼快速逃避的时候，会给猎手严重的心理错觉，以为远处的鱼还没发觉，于是扑向另外的对象，哪里知道，侧线反馈机制会使远处的鱼逃避得更快。结果是找不到具体的目标，一无所获。

考框架。通过区域产业品牌化战略，聚合区域产业内部大大小小的企业，共同开拓市场，可能是一条符合中国国情的创牌之路。

本书涉及天津大麻花、北京烤鸭、广东凉茶、安溪铁观音、仙游红木家具、惠安石雕、意大利瓷砖、温州皮鞋、晋江运动鞋、798文化创意产业、台湾新竹玻璃和澄海玩具等多个国内区域产业，试图对地方政府打造区域产业品牌这一专题进行深入研究。

二、天津大麻花的“公地悲剧”

1 引言

一般而言，多数区域产业品牌的发展会经历三个阶段：第一阶段是家庭式作坊的混战期，在此阶段，区域产业内部企业群龙无首，实行粗放型经营，企业规模小，产品质量参差不齐，一些企业滥用区域产业品牌名号，陷入“公地悲剧”怪圈；第二阶段是强势品牌崛起

图 1 天津桂发祥十八街麻花

的争霸期，此阶段区域产业内部出现强势品牌，同时有大量家庭作坊式企业，为了生存，这些作坊式企业常常采用傍名牌策略，滥用区域内强势品牌的名号，不利于整个区域产业品牌和区域产业内强势品牌的长期发展；第三个阶段是行业协会调节下的成熟期，此阶段行业协会对区域产业内的各家企业进行整合、规范、约束，不断完善竞争秩序，同时通过构建原产地保护的方式打击区域外的假冒产品，杜绝“公地悲剧”在区域外重演。

在麻花食品行业中，天津大麻花在全国享有盛誉。比照区域产业品牌的发展阶段，天津麻花目前处于第二阶段和第三阶段的过渡期：对区域产业内部各家企业来说，强势品牌桂发祥十八街麻花最出名，几乎成为天津大麻花的代名词。然而，天津大麻花的发展现状不容乐观，面临内忧外患——内忧是区域产业内部依然有众多家庭式小作坊、小工厂，生产规模小，产业规模薄弱，质量参差不齐，多打着“天津麻花”的旗号叫卖，竞争秩序混乱，区域内有“公地悲剧”；外患是区域外部存在以安徽阜阳为代表的小规模集中式生产、车载式大张旗鼓全国营销的“山寨版天津大麻花”，这种山寨版麻花质量参差不齐，口味和用料都很不同，质量不佳，直接损害天津麻花的声誉。

2 公地悲剧

“公地悲剧”是加州大学生物学教授哈丁（Garrett Hardin）于1968年提出的生物学理论，“公地”制度是英国的一种土地制度——封建主在自己的领地中划出一片尚未耕种的土地作为牧场，无偿提供给当地的牧民放牧，然而，由于是无偿放牧，每个牧民都想尽可能增加自己的牛羊数量，牛羊无节制地增加，牧场终因过度放牧而成为不毛之地，此即为“公地悲剧”。从经济学角度分析，“公地悲剧”指在涉及公共资源使用时，因为产权的无排他性，个人决策时只考虑个人的边际收益是否大于或等于个人的边际成本，而不考虑其行动给别人造成的损失和社会成本，使得边际私人成本与边际社会成本背离，最终导致提供“无限制放牧权”的经济系统的崩溃（李晓峰，2004）。

“租出一座花园，收获一片沙地”，这是对“公地悲剧”最形象的表述。区域产业品牌并不专属于某一企业，而属于区域内从事这一产业的所有企业。对于区域内从事该产业的生产厂家来说，区域产业品牌是公共物品，不具有排他性和竞争性。如果区域产业内的任何企业，无论是否为维护区域产业品牌做出贡献，都可以享受区域产业品牌带来的利益，“公地悲剧”就会上演。区域产业内的企业会像牧民一样，无限制地攫取区域产业品牌带来的好处，最终使之成为不毛之地。历史上，“瓜分公地品牌，毁掉区域产业”的现象并不鲜见，金华地区的个别火腿厂家用敌敌畏浸泡火腿，然后打着“金华火腿”的牌子销售，媒体曝光后，整个金华火腿品牌都受到牵连，被消费者排斥。此外，重庆火锅底料的“石蜡事件”、山西陈醋和平遥牛肉造假等事件对区域产业品牌带来的恶劣影响至今仍让消费者心有余悸。在这些“公地悲剧”中，不仅区域内的大品牌好品牌受到株连，区域产业品牌的整体资产也受到损害。

3 天津麻花的“公地悲剧”及其成因

麻花食品市场上，每一笔交易都是买方和卖方的公开博弈。博弈过程中，本着利益最大化原则，消费者会自觉评估麻花的价值和实际价格是否相当。在这一过程中，消费者对麻花产品价值的信任是天津麻花这个区域产业品牌资产的体现。

如前所述，作为区域产业品牌，天津大麻花的品牌资产是区域产业内各厂家公有的资源。目前它的发展受到区域内外制假贩假商家的威胁，消费者对天津大麻花的信赖和认可被破坏了，区域产业品牌资产日渐流失，遭遇“公地悲剧”。具体来说，表现在以下两个方面：

图 2　安徽产的“山寨版天津大麻花”

(1)就区域产业内部而言,天津麻花内部除了桂发祥十八街麻花、猴不吃麻花等强势品牌外,还包括众多小企业、小作坊。这些企业规模偏小,投资不足,使用家庭作坊式生产,技术落后,工艺粗糙,产品质量良莠不齐。天津麻花品牌内部并未成立行业协会,仅仅是在半年前成立“老字号行业协会”,对天津市的 113 家老字号企业不分行业进行管理。这个协会行业针对性不强,且成立时间尚短,行业规范也不健全。区域内的各麻花厂家各自为战,以区域产业品牌的名号销售,营销策略落后,常陷入恶性价格竞争,各商家的利润越来越薄。部分厂家铤而走险,制作麻花时偷工减料,将假冒伪劣的麻花卖给消费者,引起消费者对天津麻花产品品质的质疑和对区域产业品牌的不信任。天津麻花的形象蒙上污垢,“公地悲剧”在区域内部上演。

(2)在区域外,天津麻花的“公地悲剧”更严重,甚至到“劣币驱逐良币”的地步。在天津以外的全国各地市场上都出现假冒的“天津大麻花”,这些商家以昌河牌小面包车改装成的人货两用车在全国各地叫卖,其生产工艺、配料等与正宗的天津麻花很不相同。据调查，这些假冒的“天津大麻花”多数来自安徽阜阳市黄坝乡。黄坝乡政府的官方网站鼓励全乡将麻花生产作为产业扶持项目，“常年全乡有3 000多人、200 多辆昌河车从事制作、经营‘天津大麻花’油炸食品，年创效益4 000多万元”，网站上展示的麻花销售车辆上贴有明显的“天津大麻花”标识。该乡政府办公室的一名工作人员承认，该乡各村都有生产“天津大麻花”的作坊，产品在全国各地销售。该工作人员还声称：“由于一些村民长期打天津大麻花的牌子，可以说他们是在做天津大麻花的义务宣传员。”①这不能不说是天津麻花的一大悲剧，其区域产业品牌不仅被无偿使用，还被其他区域政府相关人员作为该乡脱困的工具，明目张胆地推动和鼓励，其村民也被政府认为是“天津大麻花义务宣传员”。出现这一滑稽现象最主要的原因是天津市政府相关部门对区域外品牌的“公地悲剧”采取放任态度，未对“天津大麻花”这个区域品牌申请原产地保护。

综上所述，作为区域产业品牌，“天津大麻花”之所以面临区域内外的公地悲剧，其原因总结如下：

(1)区域产业内部品牌产权不清晰，缺乏保护主体。作为区域产业品牌，“天津大麻花”在区域内具有非排他性，只要是天津的麻花厂家，都可以不受任何限制地使用。产权不清，造成“天津大麻花”这一区域产业品牌的保护主体缺失。天津市老字号行业协会刚刚建立，其组织引导作用较弱，还不能对使用“天津大麻花”的企业进行严格限制。部分厂家为扩大自已的利益，必然超负荷使用这块公地，甚至不惜生产质量低劣的麻花，以次充好，造成市场秩序混乱，最终造成区域产业品牌危机。

(2)对区域外“盗版”，政府相关部门管理缺失。地方政府作为公共资源的管理者，在组织、权威、信用等方面具有企业无法比拟的优势，理应在区域产业品牌建设方面发挥主导作用和组织协调功

① http://www.fy.gov.cn/Dynamicdistrict/article.jsp? articleId=17691。

能。面对安徽产的“山寨版大麻花”，相关部门应该拿起法律武器进行反击，及时为天津大麻花这一区域品牌申请原产地保护。天津市质量技术监督局的相关负责人称，安徽方面生产销售“天津大麻花”之所以形成行业规模，与“天津大麻花”未申请原产地保护有关。所谓原产地保护，指利用特定地域的原材料，按照传统工艺在特定地域内生产，质量特色或者声誉在本质上取决于其原产地域地理特征。天津市质量技术监督局工作人员表示，“天津大麻花”拥有独特的制作配方和工艺，具备申请原产地保护的资格。①

4 结语

区域产业品牌的建立是一个漫长持久的过程，但是其毁灭，却可能仅在分秒之间。“瓜分一个品牌，毁掉一个行业；保护一个品牌，长青一个产业”，因无法跨过“公地悲剧”这道门槛，中国有许多区域产业品牌已夭折埋骨。天津麻花的内忧外困不仅需要区域产业内部领头企业和其他企业在竞争中发展合作关系，争取双赢；还需要政府和相关协会组织引导，加强对该公地品牌的管理，尽快申请原产地保护，将“公地悲剧”消弥于初萌状态，只有这样，天津麻花品牌才会长青。

参考文献

〔1〕李晓峰，从“公地悲剧”到“反公地悲剧”[J]，经济经纬，2004，(3)，P26～28.

（本案例由厦门大学广告系研究生王芳撰写）

① http://news.sina.com.cn/o/2008-10-17/051714587193s.shtml。

三、北京烤鸭水土不服的困惑

1 引言

谈起北京烤鸭，大家一定不陌生。若说没有口福，想必也早有耳闻。北京烤鸭是北京食文化的典型代表，是传统中华美食的招牌，已成为公认的地理标志性产品。去北京总要尝尝北京烤鸭，在区域产业品牌伞的光晕下，北京大大小小的饭馆通常都会提供北京烤鸭这道菜。但要说到最正宗最好吃的北京烤鸭，首推全聚德。如

图1 北京烤鸭

果把区域产业品牌比作一把伞，全聚德就是这把保护伞的伞柄，强势品牌对区域产业品牌的贡献由此可见一斑。

北京烤鸭品牌的形成受政治人物、当地民俗、历史传承、产业聚集等多种因素的影响(何丽君，2007)。历代君主的偏爱使北京烤鸭成为宴请外宾的国宴佳肴，声名远播；烤鸭饮食习俗为北京烤鸭盛行于当地民间创造了条件；烤鸭产业的聚集加速了北京烤鸭品牌的形成与传播；便宜坊、全聚德等龙头企业健康发展，为北京烤鸭打造了一流的口碑；精当的原料、独特的烤制手艺、现场刀工献技、考究的吃法让品尝北京烤鸭成为艺术享受。这些因素造就了北京烤鸭享誉中外的盛名。

自“七七事变”老便宜坊倒闭后，全聚德便占据北京烤鸭第一把交椅，成为北京烤鸭的代名词。现今，北京烤鸭区域产业内部分为四个等级：处于头等的是正宗挂炉烤鸭全聚德和正宗焖炉烤鸭便宜坊；二等是有一定美誉度和知名度新兴烤鸭品牌，像长安壹号烤鸭、鸭王烤鸭、九花山烤鸭、白魁老号烤鸭、大董烤鸭、大鸭梨烤鸭、金百万烤鸭、利群烤鸭等；三等是除专门烤鸭店之外设有北京烤鸭菜单的饭店酒家；四等是小作坊生产包装的北京烤鸭。

与天津麻花一样，尽管北京烤鸭拥有深厚的人文底蕴和历史渊源，却未成立专门的行业协会。因此，对外谈不上统一的营销和推广，对内也谈不上严格的质量规范体系。2003 年，执法人员检查了北京站内 5 家销售点和北京站东街 20 家商亭销售的 12 种袋装烤鸭，只有北京全聚德烤鸭一家为合格产品，其他 11 种产品均不合格。2008 年，北京市食品安全办发现 3 种“北京烤鸭”防腐剂苯甲酸含量超标。正因为缺乏严格的质量规范体系和行业协会的约束，才会出现许多搭便车的不合格产品，这种情况较常出现在质量参差不齐的第三和第四两个等级的北京烤鸭品牌中。根据我们对国外区域产业品牌的研究，凡是强大的区域产业品牌，都由制定行规、维护共同利益的行业协会主导，如果北京烤鸭拥有成熟的行业协会，不仅能够进一步扩大在世界范围的影响力，还能促进各等级的北京烤鸭和谐发展，深耕各自的细分市场。

2 北京烤鸭水土不服

行业协会的问题几乎是中国目前区域产业品牌化过程中存在的共同问题，此处不赘述。北京烤鸭与天津麻花有一点很不同——在外地市场“水土不服”。所谓“水土不服”，原指初到一个地区，由于自然环境和生活习惯的改变，暂时不能适应而出现病状，这里用来比喻某些区域产业在当地经营得有声有色，到域外开拓市场时，却屡屡以失败而告终。

北京烤鸭这一区域产业品牌在世界范围享有盛誉，龙头企业全聚德试图突破区域限制到中国南方发展，却屡战屡败。究其原因，仍是因为中国许多传统区域产业的地域根植性太强。所谓地域根植性，指集群对特定区域环境关系（如制度安排、社会历史文化、价值观念、风俗、隐含经验类知识、关系网络等）的依赖性（耿建泽，2007）。北京烤鸭背后强大的精神文化，使它不像天津麻花那样，需要随时提防“公地悲剧”。在北京区域范围内，烤鸭饮食的风俗和当地传承的文化联系在一起，这造成烤鸭店鳞次栉比，烤鸭在当地本身就有很大的市场空间。除了当地市场，外来游客对全聚德为首的北京烤鸭有一种猎奇心理。北京烤鸭是北京的特色菜之一，人们普遍认为其他地方的烤鸭没有北京正宗。特别像全聚德、便宜坊这种宫廷吃法，再结合北京这个皇宫坐落的政治中心，北京烤鸭为人们营造的是一种社会需求，一种享受与皇帝同等御膳的心理满足。然而，正是这种对历史文化、价值观念和风俗的巨大依赖性，使得地域特色深深根植于北京烤鸭之中，反而成为北京烤鸭走出北京城发展的桎梏。

北京烤鸭出了北京，能否一如北京城的红火，我们可以从全聚

图 2　全聚德

德向全国扩张的过程看出点眉目。全聚德目前拥有 17 家直营店、62 家特许加盟店，绝大部分开在北方，除了上海全聚德之外，跨过长江的只有福州店和重庆店。在中国南部的成都、南京、杭州、汕头、深圳、广州等地，全聚德的扩张行动均以失败告终。表面上，似乎因为加盟商不符合全聚德的开店条件，或因为店太小、加盟商实力不足，或因为丢掉全聚德特色，或因为股东纠纷，归根结底，还是因为全聚德身上负载过多的地域色彩，它不是无牵无挂、全球适用的麦当劳文化，能够四处落地生根。这几家店开业初期都门庭若市，各地消费者以尝鲜为主但忠诚不足，前半年门店生意红火，后半年日渐冷清。具体原因有以下几点：

(1)南北饮食习惯差异。北咸南淡东甜西辣是中国人口味的地域差异，门店虽然引入全聚德的师傅，保证烤鸭原汁原味，冲着老字号来的南方消费者品尝之后还是很少来第二次。北京烤鸭的原料北京鸭体形丰满，有脂肪层，可是偏油腻，无法成为以鲜、淡为主的南方人的日常主食。北京烤鸭坚持其原来的特色，把自己当成麦当劳肯德基来经营，当然无法把南方人从当地众多家常菜馆中争取过来。各地方人有自己的饮食特色与偏爱，比如广州人偏爱烧鹅、四川人喜吃卤鸭、杭州人好食酱鸭，北京烤鸭是不是改良一下，来博得当地人的垂爱呢？

(2)加盟商经营不善。全聚德的特许加盟是由总部提供原料、技术和品牌使用权，加盟者出资、出场地，独立经营管理。加盟商发现当地消费者对北京烤鸭的口味颇有微词，同时也觉察运送原料成本高居不下，就改用当地原料，可定价却未调整，使得消费者更不满。本来，北京烤鸭与当地菜品的结合应该是一条出路，但当地菜不够地道、菜价却要保持昂贵，回头客自然越来越少。可见，带有浓厚地域色彩的区域产业品牌，走向外地改良产品时要相当小心，很容易陷入两头都不讨好的境地。

(3)特许加盟模式还有待改良。采用特许连锁，经营权和产权分离，一定程度上造成全聚德总部与特许加盟店之间沟通不足，监管不力，未能及时发现问题并解决。比方，广州店经营者与顾客间发生纠纷；成都店改用当地鸭子为原料后为消费者所诟病。

3　北京烤鸭克服水土不服的探讨

北京烤鸭这一区域产业品牌在世界范围享有盛誉，然而龙头企业全聚德突破区域限制的努力却屡告失败。在全聚德南下遭遇困境之时，谁出面更有利于北京烤鸭在中国南方站稳脚跟？龙头企业身上植入过于鲜明的地域文化，很容易让消费者感觉“橘生淮南则为橘，生于淮北则为枳”，在皇城根下尝烤鸭，跟在珠江边上尝烤鸭，文化氛围完全不同，这一文化氛围恰恰无法移植。广东凉茶中王老吉的成功突围就启发了我们，龙头企业身上的区域特色过于浓厚，去掉或不去掉都会被人诟病。王老吉这种老二老三的企业出面，大胆革新，改良以适应各地口味，诉诸以预防上火之类的通用诉求，或许更易取得成功。

对于烤鸭、凉茶这样地域色彩浓厚的产业而言，开拓外地市场时的首要问题就是地域差异。这就要求行业内经营实现差异化，有些企业坚守百年老字号旗帜，坚持老配方，有些企业则可以走出去，因地制宜进行改良。比如，王老吉冲出两广地区采用的策略就是与广州凉茶老大黄振龙进行区隔。全聚德曾经引入电炉烤鸭，结果惹来一片争议。很明显，老字号品牌得益于“老”，而又碍于“老”，龙头老大也有难处。全聚德不应当效仿王老吉，而应学习广东凉茶老大黄振龙，固守原有的地盘和传统文化。

龙头企业如要走出当地，最好采用子品牌策略，不必突出主品牌。全聚德特许加盟后引发诸多问题，如果顾客对老字号的期待“不能改变”，则可以尝试仅以老字号作背书而另立并主推子品牌的做法。这种中庸做法既能借老字号的知名度和美誉度，又可以推陈出新进行改良，适当降低价位。主推的子品牌在迎合各地消费者口味的前提下，也要通过菜式创新形成自己的特色。否则，像全聚德汕头店一样，不仅北京烤鸭做得不地道，潮州菜还不如当地餐馆，成了四不像。二三等的北京烤鸭品牌，在像王老吉那样定位清晰后，则无需牵挂，大可以相同的品牌名称搞全国连锁经营。

4　结语

作为负载浓厚地域文化的区域产业品牌，要走向全国乃至全世界，北京烤鸭必然要经历风险与机遇并存的过程。北京烤鸭缺乏成熟的行业协会，由于其地域根植性强，不易陷入天津麻花的“公地悲剧”。但北京烤鸭地域依赖性过重，要想突破区域，需要从长计议。负载沉重历史与地域色彩的龙头企业似乎不宜作为冲向外地市场的前锋，北京烤鸭产业内部应该分化，一部分坚守传统经典，另一部分与时俱进、创新改良。北京烤鸭是中华美食的一大经典，如何才能把区域产业品牌的优势扩大化，突破北京烤鸭走不出北京的怪圈，下面的广东凉茶或许会给我们启示。

参考文献

〔1〕何丽君，区域品牌形成的驱动因素分析[J]，福建论坛，2007，(12)，P82～86.

〔2〕耿建泽，地域根植性对企业集群发展的影响[J]，安徽农业大学学报，2007，(16)，P18～21.

（本案例由厦门大学研究生彭靖佳撰写）

四、广东凉茶突破两广的启示

1 引言

在中国,许多区域产业品牌身上带有与生俱来的浓厚地域特色,这固然可减少“公地悲剧”的发生,但发展时难免会碰到市场狭小、发展空间不足的瓶颈,阻碍了区域产业品牌往区域外拓展。为了改变这一困境,许多区域品牌都尝试将市场拓展到全国,这一方面做得最成功的,当属广东凉茶。一个区域产业品牌由一个地方品牌成长为一个成熟的跨区域品牌,大致要经历三个阶段:

(1)固守本地阶段。区域产业品牌在本地知名度很高,消费群体主要是当地人和外地来尝鲜的游客,区域内可能存在强势个体品牌,也可能没有。区内大大小小的企业在区域品牌伞的保护下,共享区域产业品牌的好处,满足于区域内既得利润,墨守成规,不思进取,传播观念淡薄,整个产业犹如散兵游勇,整体规模较小且结构较稳定。

(2)个体品牌强势突围、开疆辟土阶段。区域内部竞争和相对稳定的产业结构,使得行业利润集中在区内几位龙头企业手中。少数不满现状的企业开始重视自身品牌的建设,采用现代传播手段将个体企业品牌拓展到区域外。这种个体强势品牌的崛起在区域产业品牌内部形成“鲶鱼效应”①，带动其他企业的品牌建设与区域拓展，客观上提高了区域产业品牌在全国的知名度，使区域产业品牌实现了跨域大发展。

(3)行业协会整合阶段，内求团结，外求发展。行业协会开始主导整个区域产业品牌的发展，制定行业标准，严格控制产品质量，整合与协调产业内部的个体品牌，传播区域产业品牌的整体形象，应对其他区域同类产品的盗版竞争。在这一阶段，区域内个体品牌分工合作、和谐发展，共同把蛋糕做大，以整体的力量来对付外部区域的竞争者。区域产业品牌的运作走向成熟。

这三个阶段会面临不同的问题。比如：阶段(1)，区域内个体品牌在区域内部利润丰厚，缺乏进取精神；阶段(2)，区域外消费者对区域产业品牌的认知度低，或者根深蒂固的地域特色难以打动其他区域的消费者；阶段(3)，个体品牌打响异域之后出现“公地悲剧”，不管是本地，还是外地，大量企业蜂拥而上，出现大量假冒伪劣产品，影响区域产业品牌的声誉。解决不好这些问题，区域产业品牌的发展就会踯躅不前，甚至走向崩溃。广东凉茶近几年来迅速走向全国，从地域特色鲜明的区域品牌成长为跨域品牌，其成功经验可为其他区域产业品牌提供借鉴。下面我们将深入解读广东凉茶在区域突破中的经验，解析其发展中的问题。

---

① 挪威人喜欢吃沙丁鱼，尤其是活鱼。市场上活沙丁鱼的价格要比死鱼高许多。所以渔民总是千方百计地想办法让沙丁鱼活着回到渔港。虽然经过种种努力，绝大部分沙丁鱼还是在中途因窒息而死亡。有一条渔船总能让大部分沙丁鱼活着回到渔港，原来船长在装满沙丁鱼的鱼槽里放进一条以鱼为主要食物的鲶鱼。鲶鱼进入鱼槽后，由于环境陌生，便四处游动。沙丁鱼见了鲶鱼十分紧张，左冲右突，四处躲避，加速游动。缺氧的问题就迎刃而解，沙丁鱼也就不会死了，都能欢蹦乱跳地回到渔港。这就是著名的“鲶鱼效应”。在现代管理中，鲶鱼效应即采取一种手段或措施，刺激一些企业活跃起来投入市场中，积极参与竞争，从而激活市场中的同行业企业。

2 区域性突破初期

广东凉茶具有很强的地域性，它的诞生与岭南地区独特的气候因素有关，凉茶具有独特的消费区域指向性，生长在岭南湿热气候下的消费者才能真正体会凉茶的功效，因此，在向全国市场拓展的初期，广东凉茶便遇到区域外认知度低、口味不适合区域外消费者、功能无法打动区域外消费者等问题。为此，广东凉茶的市场开拓者们采取了一系列现代营销传播措施，既保持传统特色，又积极改良，适应各地消费者的口味，最终使广东凉茶实现跨区域的大发展。

2.1 区分区域内外市场

区域内外市场消费者对于凉茶的认知不同，作为区域产业品牌的广东凉茶在两广区域和两广以外区域的市场上使用完全不同的销售策略，这种区分鲜明地体现在产品核心定位、销售模式和口感口味等方面。

(1)核心定位。在向全国市场拓展的时候，广东凉茶面临着两重尴尬：一直以来被当作药饮，广东人喜欢的是它的药性，而外地消费者对药饮颇有忌讳。不突出药材配方的功能诉求，广东凉茶作为饮料又能以什么为卖点呢？早期有一些广东凉茶企业试图走出两广，然而其产品定位模糊，连厂商自己也不知道，到底是卖“凉茶”还是“饮料”，早期的全国性扩张最终胎死腹中。经过不断尝试与重新定位，广东凉茶企业发现只有采用区域内不同产品定位的方式才能打开全国市场。在两广区域、浙南区域，广东凉茶重要的价值诉求还是其200多年历史的“去火良药”身份，利用当地消费者对广东凉茶的长期认同，深耕区域内市场。在两广区域以外，以王老吉为首，广东凉茶则由治疗上火的药转变为预防上火的饮料，这一通用诉求紧紧抓住现代人生活节奏快，竞争压力增大，容易处于亚健康状态，以及喝酒、抽烟、夜生活等习惯容易造成上火的社会现实，迅速引起共鸣，为广东凉茶在全国攻城略地打下基础，也让广东凉茶一跃成为饮料行业中的新品类。[①] 区域内部坚守原有定位，区域外部则因地制宜，实现了定位创新，这是广东凉茶成功的一大特色。

图 1　黄振龙凉茶连锁店

(2)销售模式。区域内外定位的不同直接导致销售模式的差异。在两广区域内部，大部分消费者还是将凉茶作为缓解炎热潮湿环境气候造成烦闷急躁情绪，舒缓高温酷暑引发身体不适的药物，而不是饮料，无须经常饮用，所以他们往往到茶铺去喝凉茶而不是

---

① 红罐王老吉的品牌定位策略，百度文库，http://wenku.baidu.com/view/918fca36a32d7375a41780ab.html。

购买商店里瓶装的凉茶。因此，广东区域内的凉茶销售往往以凉茶铺的模式，在这方面，黄振龙凉茶明显处于龙头位置，在两广地区开设大量凉茶店铺。区域外市场上的消费者只把广东凉茶当作普通饮料，只是一种可以降火的饮料，与可口可乐、百事可乐没有区别，需要了就去超市或者商场买，而不是去凉茶铺。看到王老吉的成功之后，许多广东凉茶试图以各种销售模式走出两广，然而，“北伐”并无坦途，尤其是那些准备以连锁凉茶铺形式在市场上打拼的企业。有些广东凉茶试图将凉茶加工成配方更合理、饮用更方便、口味更适中的颗粒剂、袋泡茶、利乐包、罐装等多种规格推向两广以外的市场，不管销售如何，这些新的销售模式都使得广东凉茶这一传统产品突破凉茶铺只有 2.5 公里销售半径的局限，开始行销全国。

(3)口感口味。广东凉茶著名品牌王老吉当初在两广市场中并不占优，无法与黄振龙相抗衡。为了避免在区域内与强手竞争有限的蛋糕，王老吉决定走出两广，开拓北方市场。为了适应区域外消费者的口感，王老吉对产品稍作了改良，减少南方人比较习惯的药味，增加了北方人能接受的甜味。此次改良导致习惯中医养生的南方市场(尤其是两广地区)消费者觉得很不习惯，口味太甜腻，因此，王老吉在两广市场后发无力。在区域内，由于人们习惯将凉茶看作药，王老吉口感偏甜，按中国“良药苦口”的传统观念，消费者自然感觉其“降火”药力不足，当产生“下火”需求时，不如到凉茶铺购买，或自家煎煮。黄振龙虽然在两广区域内做得风生水起，但由于坚持药饮的苦味，其在全国市场的拓展很缓慢。可见，一个品牌要同时讨好区域内外的消费者几乎是

图 2 王老吉凉茶

不可能的，鱼与熊掌二者不可兼得，这其实也为区域产业内部个体品牌的市场细分提供了条件，避免了同质化的恶性竞争。

2.2 强势个体品牌主导域外市场拓展

在区域性突破走向全国的过程中，广东凉茶很大程度上依靠几个强势企业品牌的带动。2003 年以前，作为强势的区域产业品牌，广东凉茶已经在两广区域内的销售额达到近 40 亿，但是在全国其他地区，销售几乎为零。广东凉茶各厂家也大都满足于两广区域内的销售，这一状况在 2003 年被王老吉的红色旋风所改变。现在，从中国南端的海南岛到世界屋脊的青藏高原，到处都可以听到王老吉的声音，令全国消费者怦然心动，在短短的两年时间内，王老吉的销售就从 1 亿多元跳到了 10 亿元。王老吉的成功提升了整个广东凉茶在区域外的知名度，这鼓励广东境内其他凉茶品牌也对外拓疆辟土，所有凉茶如梦初醒，原来两广之外还有那么大的市场。在王老吉的带动下，广东凉茶企业中几个有魄力的巨头，邓老凉茶、黄振龙、春和堂等，纷纷打全国牌，向国内其他市场发力，同时新生凉茶品牌不断涌现，吸引了越来越多的投资，竞争的程度比普通饮料还要激烈，在全国范围内掀起了“凉茶革命”，使广东凉茶的形象及声誉得到了大幅提升，迅速打开了全国市场。

这种强势个体品牌主导域外市场的做法改变了广东凉茶产业内部故步自封、不思进取的状态，不仅拓宽了凉茶的概念，丰富了凉茶的内涵，还使强势企业越做越强，并将整个凉茶行业推向全国市场。这种强势个体品牌主导的区域外市场拓展，有效避免区域内品牌的同质化竞争，使得行业内部企业走向差异化竞争与合作，促进整个行业的健康发展。

2.3 在域外市场拓展中，区域产业品牌担当背书者与被背书者两种角色

区域产业品牌的市场营销策略有两种：一是无品牌的企业统一

使用区域产业品牌开展营销；二是企业将区域产业品牌视作企业品牌的背书者或是采用双品牌（区域产业品牌＋企业品牌）开展营销。在向区域外市场开拓的初期，广东凉茶采取的是第二种策略，将区域产业品牌视为企业品牌的背书者。在域外市场拓展的初期，所有广东凉茶品牌主要突出自己的品牌，不会刻意宣传自己广东凉茶的身份，但是在大大小小的产品包装和广告宣传中，“广东凉茶”四个字都清晰可见。这就像英特尔，借由与各大电脑品牌的相互背书，在其上标示“Intel inside”，成为电脑芯片的老大。

广东凉茶与强势个体品牌的关系也是相互背书。在扩展全国市场的过程中借助区域产业品牌但不突出，使用这一做法可能是因为，作为区域产业品牌，广东凉茶在区域外还未获得很高的知名度，企业也没必要为整个行业做广告而让其他品牌坐享其成。将广东凉茶放在企业宣传当中的做法，客观上提高了区域产业品牌在区域外的知名度与影响力，壮大了“广东凉茶”的气势。反过来，这种气势对挂上这一名称的个体品牌也有帮助。

然而，当广东凉茶在全国打响之后，还是会出现区域内小品牌坐享其成的情况，打着广东凉茶的旗号与强势个体品牌在区域外展开竞争。强势品牌，就会弱化甚至不用广东凉茶品牌，以此来打压小品牌。淡化区域产业品牌打压本地竞争对手的后果是造就一批区域外的竞争对手（像福建的和其正），广东凉茶开拓疆土的先驱们现在就面临着这样的处境，最终他们又捡起了区域产业品牌的保护伞。实际上，朱辉煌（2009）的实验研究已经发现，单个个体品牌再强大，也不能丢掉区域产业品牌伞，二者是共生共荣的关系。对区域内小厂家的约束，可以通过行业协会来实现，这就是成熟期品牌要做的事。

3 区域性突破的成熟期

广东凉茶在域外拓展初期采用了正确的策略，许多大品牌迅速崛起，整个广东凉茶走出两广走向全国，但一系列问题也随之出现。一方面，区域内大量中小企业资金不足，为了利益牺牲质量，导致凉茶行业的“公地悲剧”；另一方面，由于品牌拓展初期未强化（甚至淡化）对区域产业品牌的宣传，消费者只是忠诚于企业品牌而未建立对广东凉茶的好感，大量区域外凉茶品牌崛起，试图分得一杯羹。为了解决这些问题，广东凉茶采取一系列措施。

3.1 成立凉茶行业分会为广东凉茶持续发展保驾护航

广东凉茶崛起之后，行业蛋糕做大。由于行业组织与行业标准的缺失，大量中小企业进军凉茶业，品牌竞起，山头林立，良莠不齐，凉茶质量下滑，引起强势品牌的恐慌，它们转而求助于行业协会。广东省食品协会发起建立凉茶分会，起草凉茶统一标准，该标准主要包括凉茶定义、感官指标、理化指标、卫生指标。行业分会的建立与标准的制定提高了凉茶业的准入门槛，阻止了广东凉茶“公地悲剧”的发生，减少了行业内的恶性竞争。但凉茶业行业分会多由相对强势的企业组成，其标准制定有失公允。有“老字号”攻击“新字辈”配方不科学，不能满足健康需求，“新字辈”攻击“老字号”的配方药性太猛，不宜长期饮用，“窝里斗”现象加剧，成为凉茶行业的“死穴”。看来，凉茶行业要实现共同自律，还有很长的一段路要走。另外，凉茶行业分会的执行能力也有待加强。

3.2 凉茶产业内部个体企业的差异化

广东凉茶业崛起，区域品牌内部竞争激烈，各种各样的价格战、广告战相继打响，个体品牌的同质化竞争，造成区域产业内部的自我消耗。为了解决这一问题，区域产业内部的企业应寻求一个准确的差异化定位以使自己处于一个好的竞争地位。王老吉诉求于“怕上火，喝王老吉”，邓老凉茶强调自已是“更适合现代人喝的凉茶”，黄振龙连锁店则遍地开花，不同的企业各有特色，这可以避免区域产业内部的消耗，且有助于发挥区域产业内部个体品牌间的协同效应。

3.3 强化区域产业品牌宣传与保护，抵御外敌

在初期个体强势品牌主导时，广东凉茶比较忽视整个区域产业品牌的宣传推广，企业品牌比区域产业品牌的认同度更高，广东凉茶甚至一度遭遇退化和边缘化。其他地区的凉茶品牌借机崛起，挑战广东凉茶区域产业领导地位。比如福建达利集团的和其正凉茶，借由陈道明的代言，迅速崛起为凉茶业的一大品牌。广东凉茶也意识到这一问题，开始加强对整个区域产业品牌的宣传与保护。2006 年 5 月 28 日，国务院正式批准广东凉茶为国家首批非物质文化遗产，获得认证的包括广州王老吉药业股份有限公司、广州黄振龙凉茶有限公司、广州养和医药科技有限公司等 21 家企业 18 个品牌及 54 个凉茶配方和专用术语，受《世界文化遗产保护公约》及我国有关法律永久性保护。作为岭南药膳文化中的一朵奇葩，广东凉茶文化已经起飞，并给其他的区域产业品牌留下许多思考。

4 结语

广东凉茶的全国推广为很多区域产业品牌的区域性突破提供了借鉴，总结如下：首先，在区域产业品牌固守本地的第一阶段，行业协会或相关部门应注意培育并引导个别有条件的企业进行跨区域的拓展。其次，在个体品牌向外拓展的第二阶段，个体品牌应区别对待区域内市场与区域外市场，尽量因地制宜，对产品进行重新定位或改良以适应域外的消费者，深耕域内市场的个体企业则可坚守独特的传统和深厚的文化底蕴。即使在强势个体品牌主导外

拓期，也要特别注意区域产业品牌伞的作用。再次，区域性突破的成熟期应由行业协会来主导，成立强势的行业协会并制定公平的行业标准，可防止区域产业内部的不正当竞争，同时在区域产业内部实现个体企业的不同定位，尽可能减少内部的消耗，促进产业内个体企业的和谐发展。行业协会也应强化区域产业品牌的宣传与保护，防止其他地区同类产品的竞争。对于那些区域色彩浓厚的产业来说，区域内的产业领头羊并不适合作为开拓区域外市场的前锋。

参考文献

〔1〕朱辉煌，区域产业品牌伞策略的市场效果研究[D]，中山大学博士论文. 2009 年.

（本案例由厦门大学广告系研究生樊庆磊撰写）

五、仙游红木家具初现鲶鱼效应

1　引言

红木家具起源于明朝。相传，郑和七次下西洋，给外国人带去丝绸和瓷器，带回来的主要就是红木。木工匠把带回来的木质坚硬、细腻、纹理好的红木做成家具、工艺品，或用于园林设计建筑，供皇宫帝后们享用。红木大量输入及王朝灭亡后，红木家具才流散到民间，但普通百姓还是无法承受。因此，红木家具一直是名门贵族的标签，红木就是中国人的奢侈品。然而，在这个奢侈品门类中，一直未能产生 LV、古弛这样的强势品牌。

历史上，中式古典红木家具有四大流派：京作、苏作、广作和仙

图 1　红木家具

作，仙作家具正日益受到“红木迷”们的喜爱和推崇。2006 年 12 月，福建仙游荣膺“中国古典工艺家具之都”称号，这正式确立了仙作家具在中国古典工艺家具中的地位。在仿古红木家具中，福建仙游和浙江东阳两个区域品牌最为有名。

广东凉茶跟其区域的自然因素有关，北京烤鸭则更多地与人文因素有关，天津麻花也有历史，这三家区域产业品牌都基于配方或手艺。红木产地多在东南亚非洲等地，之所以在某些地区形成产业聚集，主要是因其代代相传的精湛工艺以及长期的文化沉淀。由于地域根植性弱，红木家具无法建立起北京烤鸭或广东凉茶那样的排他性的地理标志，仙游红木家具从一开始就要面对东阳等其他区域之间争夺资源（如红木木材）、消费者、投资者的竞争。因为有区域之间的竞争，各地红木家具行业协会最易建立。然而，以笔者对莆田仙游红木家具市场的考察看，这些行业协会充分发挥职能，协调区域内大大小小的厂家，仍有待于地方政府强权介入。

各地行业协会未能发挥应有的职能，加之红木缺乏明确统一的鉴定标准，红木家具市场出现大量以次充好、以假充真的现象，严重损害了消费者和合法经营者的利益。越是鱼龙混杂的时候，消费者越需要品牌。买红木家具，不是吃一顿北京烤鸭，或喝一杯广东凉茶，不好吃不好喝就算了，吃一堑长一智。花高价买回的不是真红木，这肠子可都要悔青了。与前面的三个区域产业品牌不同，食品饮料是快消品，消费者多多少少知道当地的强势个体品牌。红木家具就不同了，除非就在该区域，消费者很少会不远千里跑到该地去选购，通常是由各地的红木家具经销商前来购买。尽管仙游当地确有一些红木厂家在经销商中拥有口碑，但在终端消费者那里，这些厂家的牌子依然是“藏在深闺无人识”，消费者可能知道哪里的红木家具工艺不错，但最终认的还是经销商的品牌。如果中间渠道的力量太强，生产商在与经销商谈判的过程中就会处于被动地位，因此一些有实力的红木厂商开始自营门店或者招收加盟店，仙游的连天红就是搅动红木家具市场的一头大鲶鱼。

2 连天红引发的鲶鱼效应

莆田仙游的连天红公司在中国红木家具界绝对算是异类，为了制造声势，公司打出“红木按斤卖”，还“用美国国旗做 Logo”，最近又搞了个“仙游仙游骑石马看家具”的上联，开出三年 600 万元的悬赏额，高速路、机场、网络上到处都是他们的广告，在中央电视台上也不惜血本大做广告，实在是赚足眼球。

2010 年 2 月 8 日，连天红公司网站转贴文章《连天红奉献连绵金山，想挖快来》，看了让人眼红心跳。除了“连天红三年 600 万元征下联”活动外，公司还分别推出 50 万元/年奖赏博客话题、奖赏娱乐评论、悬赏摄影游记、悬赏新闻转载、悬赏经济评论、悬赏汽车评论、奖赏世界军事评论等 7 个活动，推出连天红 200 万元/年悬赏书画征集规则和奖赏空间设计方案，“仅这些悬赏每年就要拿出1 000多万元，连同其他辅助工作，每年得拿出约2 000万元来搞这些活动”。

连天红还成立“牧马人模特队”，使用女模特营销，让公司的女模特穿着迷彩服，乘着十几辆悍马浩浩荡荡地在原野上驰骋。加盟店和展示厅一律招聘年轻的大学生美女，统一黑色着装，穿丝袜，穿着高跟鞋走猫步。笔者考察莆仙红木家具在上海的市场时，还听说连天红准备“砸2 000万”在上海滩做广告，而且销售小姐们的月工资都在5 000以上。如此大手笔造势，自然引起区域内同行的热议。

客观上讲，连天红广告打着仙游的名称，大大提升了仙游红木家具在业内仍至全国的知名度。以笔者所考察的几家仙游红木企业，虽然对其砸钱的做法表示不屑，认为红木厂家应该踏踏实实把产品做好，而不是大把撒钱在广告上，但私底下大家都觉得连天红

图 2　连天红模特营销

的广告提高了整个区域产业品牌的知名度。换言之，莆仙境内大大小小上千家红木企业都从中获益。就以他们的对联征集来说，上联是“仙游仙游骑石马看家具”，横批则是“连天红”，使得仙游从一个默默无闻的城市变成普通老百姓关注的话题。从这个意义上讲，地方政府应当大力扶持连天红，帮助其迅速走向全国市场。

仙游红木市场原先的格局相对稳定，多为家庭小作坊式，行业集中度低，在仙游的下坝地区就分布着大大小小几百家红木生产企业。随着近年来红木消费热的兴起，2004—2006 年市场出现销售高峰，国际市场上红木价格也不断上涨。加之近年来人们生活水平提高，追求原生态的家具，因此使得红木家具市场前景大好，吸引越来越多的资本进入。连天红就是借由外来资本进入这一行业，一批原来不懂红木的人跨界来经营红木。

资本的目标当然是利润，技术工人资源有限，连天红就会花高薪去挖人，为了规模化生产降低成本，连天红启用机器加工红木家具。从资本的角度来讲，这无可厚非，然而这种做法却激起区域内同行的愤慨。TOM 新闻的记者赴仙游采访前，打电话给当地红木家具协会的人，对方表示，采访别的红木家具企业可以，“去连天红，不带路”，李机能（连天红老板）和他的企业“已经被开除出红木家具协会”。许多区域内同行对李机能用机器加工“艺术品”的红木家具颇有微词，认为这玷污了传统与神圣，对连天红到处挖人更是认为破坏了当地行规。

从我们对广东凉茶的研究来看，这是区域内个体企业走向全国必然要经历的过程。鲶鱼效应搅乱了原先平静的市场格局，必然引起既得利益者的强烈反对。王老吉并不是广东意义上的凉茶，出道的时候也被当地人所诟病（太甜，不像药），现在它走向全国。连天红将现代与传统相结合的改良方式也将有助于其全国的品牌推广，反观当地一些坚持做“艺术”家具的企业，固守明清遗风，不妨学习广东凉茶中的黄振龙，深耕当地及邻近市场。区域产业内部的企业本来就应当有各自不同的市场定位，才能有效避免内耗。

连天红有其雄心壮心，其名称莆仙话的大意就是“很牛叉”。负责销售的刘海潮经理说，全国有一些叫得响的红木家具品牌，像北京的元亨利、浙江的年年红、上海的仓艺红木、广州的红古轩等，但福建莆田“没有一家叫得响的企业”。作为四大流派之一的仙作，“用材最真，工艺做工最好”，却没有产生一家在外头能当领头羊的红木家具企业，连天红就是奔着这样的第一把交椅去的。直营店从2008年7月的3家，2010年3月已经开了50家直营店，他们的目标是在年底达到200家直营店。

从笔者的观察来看，连天红想用西方那一套品牌运作的方式，越野车、模特队、摩登销售小姐、广告轰炸……想摇身变成中国的奢侈品名牌。然而，与这些国际奢侈品品牌相比，连天红的定位有些混乱，企业文化是什么，它们自己也不清楚，这也是导致营销传播活动无法真正“整合”的原因，无法为一个明确的定位服务。王老吉从广东凉茶良茶的诸多概念中提取了“预防上火”这一定位，成功打动了中国消费者。连天红在这一方面似乎还在摸索与尝试，好的定位能够在传统与现代之间取得微妙的平衡。

当地许多红木企业认为红木家具的购买者都年龄偏大，他们并不喜欢连天红这种美女销售、广告吹嘘的方式。喝黄振龙凉茶的顾客不会认为王老吉是真正的凉茶，这说明广东凉茶区域内外的顾客群很不相同，红木家具也一样。当地竞争者站在自己的角度来看问题，忽略了区域外市场的异质性。连天红要把红木家具做得大众化，其目标群体可能与当前红木家具的购买者存在较大偏差。事实上，我们所进行的个别消费者访谈也表明，红木家具的购买者并不像连天红的竞争者们所预料的那样，都是专家，相反，消费者不是专家，纯粹的复古风格也未必能赢得买家的青睐。消费者不是专家，他们怎么知道什么是明清宫廷风格呢，还不是由卖家说了算。改良后的产品如果更合消费者的眼缘，自然会更好卖。

连天红搅动一池死水后，更多的资本大鲶在旁虎视眈眈、跃跃欲试，一待连天红喝到头啖汤，立马蜂拥而上，仙游红木家具产业的鲶鱼效应一定会愈演愈烈。

3　小结

区域产业品牌走向全国的过程中，个体企业突围尝试，必然搅动区域内的市场格局，招致同行的忌恨。在莆仙红木家具企业中，连天红就是其竞争者的眼中钉肉中刺。但它们仍然逆风起航，结合现代对传统进行改良，采用先进的传播手法和方式，吸引全国消费者的目光，也为区域产业品牌——仙游红木家具做了广告。作为当地走向全国的先驱，连天红面临的挑战是寻找清晰的定位，结合现代与传统，开展整合营销传播。盲目地模仿西方奢侈品品牌的传播方式，并不能建立起一个本土的奢侈品品牌。

参考文献

〔1〕林长生、李宗华，连天红，真得这么红？http://post. tom. com/7500140288.html，2010年3月19日.

（本案例由厦门大学广告系林升栋撰写）

六、惠安石雕 B-B 思考的局限

1 引言

惠安这座被国家相关部门授予“中国石雕之都”称号的县城，其石材石雕入选首批国家级物质文化遗产名录，成为与“惠安女”齐名的闪亮的区域品牌。石雕是惠安五大传统支柱产业之一，产品畅销日本、欧美、东南亚、港澳台等几十个国家和地区。全县现有石雕企业1 300多家，从业人员 11.8 万人，石工艺品产值占全县工业总产值的三分之一，石雕石材业已成为全县的特色经济。伴随着惠安石雕

图 1 惠安石雕工厂

地理商标获得国家工商总局商标局受理即将批准注册，惠安成为世界“石雕之都”指日可待。

惠安石雕十分特殊，主要分为两个类别：一是观赏性的艺术品；二是建筑物的装饰或者实用品。毛泽东诗词碑林、深圳万福广场的九龙柱、台湾凤山的 500 罗汉用的惠安石雕就是艺术品；西安兵马俑陈列馆、陕西历史博物馆、黄帝陵和广州玄武塔用的惠安石雕都是建筑材料。

惠安石雕与仙游红木家具有很多相似之处。两者都属高端消费品，运输成本高。惠安石雕的价格一般以立方米计算，价格幅度在几百美金到三四千美金之内波动，属于高消费产品。石雕、红木家具这种“重量级”产品的运输成本远远高于食品、服饰。与红木家具一样，石雕产业也需要众多优秀的雕刻技艺人员。惠安已成为石雕技艺人员汇聚之地，其中包括一部分慕名而来的外来技术人员或学徒。石材和红木通常来自亚洲其他国家，两者的重量较大，其制作加工放在交通便利的沿海城市就成为必然。

然而，惠安石雕与仙游红木家具有一个重要的不同，惠安石雕的消费市场包括国外和国内。国内前来采购的群体既有做零售批发的中间商，也有企事业单位、个人等终端客户。终端客户群中个人只占少数，主要是企事业单位。国外市场在日本、欧美、东南亚、韩国等国，前来采购的主要是零售商和批发商。仙游红木家具早期的运营主要也是靠各地经销商前来采购，但其终端客户主要是个人与家庭。惠安石雕的销售链条主要是 B-B-B，而仙游红木家具则主要是 B-B-C，这个差别决定了惠安石雕企业的品牌意识弱于仙游红木家具企业。惠安石材协会比较关注跟政府、中间商打交道，例如制定石雕石材的耗损率、石材的退税率，协调中日石材协会的沟通，处理价格竞争等一系列问题。

2 惠安石雕 B-B 思考的局限

2.1 对外没有树立统一的区域产业品牌形象

由于惠安石雕的消费群体特殊，主要面向批发商和零售商，靠的是长久累积的声誉吸引外地的批发商和零售商前往惠安。因此，长期以来惠安石雕采取的主要策略是“引进来”而非“走出去”，这种策略使得石雕厂家关注将产品卖给中间商，中间商并不关注石雕的品牌，他们关心的是价格和产品质量。

这种中间商导向使得惠安石雕建设区域产业品牌的意识薄弱，惠安石雕在完工的时候会在产品下面喷上小标签标示基本信息，包括产品名、石种、作者、施工单位。有些施工单位的名称会冠以惠安地名，通常因为“惠安”是其企业名称的一部分，如惠安某某石雕公司，这是唯一能够辨识产地惠安的标志。有些施工单位的名称未冠以地名，就无从辨识产地来源。对惠安石雕作为整体区域产业品牌来说，这不利于其提升自已在国内外市场的影响力。区域标志不清楚不统一，区域内的产品再优秀也只能各自为战，难以形成鱼群效应。

惠安石雕也进行广告宣传，个别企业采用网站、展会、户外、报纸等形式宣传产品。网站是最常用的方式，比如到石材网、制造网、阿里巴巴等网站注册。其次是参加各地展会，比如惠安、厦门、广东还有国外各地，但规模和影响力都不大。和其石雕上的标签一样，各个厂家的广告还未意识要借助惠安石雕这张区域产业品牌，区域整体优势未得到宣传。由于目光只盯着中间商，而看不到背后的终端客户，各个厂家广告还普遍存在宣传面小、宣传形式不规范的问题，以至于全国各地，除了同业人员外，对惠安石雕的产地知之甚少。

由于历史形成的声誉，在石雕企业看来，似乎自然会有批发商和零售商前往惠安采购，企业只要做好产品就可以了。在这样的经营模式与思维下，这些企业觉得在产品或广告中打出“惠安石雕”的牌子似乎是多此一举。与其他地区行业协会和企业开始重视区域产业品牌建设与保护相比，惠安石雕企业的观念显然是落后的。目前，有关惠安石雕整体的宣传只有政府举办的石雕艺术节以及旅游业的相关宣传。

2.2 对内没有引进现代企业管理模式

由于历史原因，惠安石材企业普遍采用家族管理模式。家族式管理指经营管理最终决策权集中在“家长”手中，采取集权化领导。企业所有权主体结构是封闭的，所有权和经营权合一，企业内部结构简单，集权程度相当高。

在企业规模不大，市场范围有限，管理技术要求不高的阶段，家族治理结构尚敷使用。家族式企业的弊端显而易见，集中体现为决策的非规范化和非制度化，企业主在管理上采用一言堂的家长制。对企业来说，即使“拍板者”的素质不低，也不可以一个人说了算，因为个人的能力总是有限的。更何况，在惠安石材行业中，绝大多数企业主还没有高中文凭。在这些家族企业中，普遍存在的问题有：部门岗位职责不清楚，有交叉现象；管理层可能有外姓人，但他们只是执行者，没有实质权力；最终决策权不论大小事都落在总经理手中，难免会出差错；企业内部一团和气，缺乏竞争(李一新，2002)。

缺乏现代化企业的经营管理模式，造成当地石材企业的两大问题：

(1)缺乏品牌意识。许多企业并不把品牌发展纳入企业发展规划，只重视产品价格、产品销售，不重视品牌建设和自身产品价值的提升，技术、质量和服务竞争方面投入不足，产品附加值和技术含量低，出口产品以低档的、效益差的“大路货”居多，缺少国际上响当当的自主品牌。

(2)企业间竞相压价。中低档板材产品供过于求,市场竞争日趋激烈,产品同质化,生产者之间互相压价,导致近年来产品价格一路下滑,许多石材生产企业处于微利经营状态。市场无序竞争,出口贸易价格战激烈,乐坏了国外石材商,苦坏了本地石材企业。

3 B-B 型区域产业做品牌的思考

B-B 型区域产业也需要品牌,才能在区域之间争夺人才、资源、资本的竞争中立于不败之地,光吃老本显然是不行的。为了探讨 B-B 型区域产业进行品牌建设的良方,笔者选择了英特尔芯片、林德叉车和景德镇陶瓷来进行对比。

3.1 英特尔:多极化营销策略

早期,英特尔瞄准大客户,专注于大客户的做法使英特尔成为业界霸主。这种策略也带来弊端:受制于计算机生产厂商,其行销

图 2 Intel 芯片图

重点便是这些企业的工程师、采购人员和高层主管;对于消费者来说,英特尔从来就没有针对性的营销措施,他们不了解电脑中的核心元件的性能,是哪家企业生产的。一旦生产厂商拒绝使用你的产品,公司就会受制于人,产品马上会由畅销转变为滞销。英特尔把营销的对象定位在中间厂商,而不是最终的消费者,但最终决定购买产品的却是消费者。

为了摆脱受制于人的局面,英特尔采取多极化营销策略,即不只针对一方,而是从更长的价值链进行营销,不仅重视中间商,还重视产品的购买者、供应商。英特尔把最终消费者也确定为市场营销的重点目标群体,其针对终端消费者的营销方式主要有四种:

(1)体验营销。在英特尔的营销策略中,体验营销非常重要。在中国市场上,英特尔曾经成功地举办过多次体验活动,加深了消费者对英特尔的印象,比如"芯动 2001,尽享数字生活"体验活动。

(2)公关营销。英特尔推出新产品时,都要通过新闻媒体进行大量宣传,其主要形式是产品发布会和记者招待会。英特尔产品在媒体上频频曝光,知名度也直线攀升,取得极佳的传播效果。1994年,英特尔以 4.75 亿美元的代价更换了带有瑕疵的奔腾芯片,更是为自己树立了受人尊敬的品牌形象。

(3)合作营销(与电脑厂商合作)。英特尔通过与软件和硬件生产商的合作营销,对消费者发动强烈攻势,创造了互利互惠的多赢局面,并使自己逐步成长壮大。例如,英特尔针对终端消费者提出完整行销计划"Intel inside",电脑商如果广告中包含"Intel inside",其生产的电脑中贴有"Intel inside"贴纸,英特尔愿意分摊广告成本。

(4)公益营销。英特尔还涉足慈善事业、教育事业、援助发展中国家,如支持全球教育事业。这样做的目的有两个:一方面由于自己羽翼渐丰,实力强大,证明其已经有能力为社会做一些专业以外的贡献;另一方面,英特尔希望借助这些活动改善企业的品牌形象,吸引公众的注意力。

现在,任何个人电脑的使用者,甚至很多非使用者,几乎都知道电脑芯片的霸主是英特尔,尽管他们自己并不直接向英特尔购买芯片。英特尔的宣传使广大消费者了解了公司的产品,消费者在购置电脑的时候都会声明要英特尔处理器。这样,英特尔就摆脱了受人摆布的命运,消费者对英特尔品牌的偏爱使得电脑生产商不敢轻易放弃英特尔(黎晓珍,2005)。

3.2 林德叉车:事件营销策略

厦门林德叉车有限公司是中国最大的叉车企业,由德国大工业跨国集团林德公司和厦门叉车总厂合资组建,目前是厦门投资规模最大的合资企业。叉车市场形成以林德叉车等为代表跨国巨头占主导的中高端、高端市场;以安叉、杭叉为代表的中端、中低端市场;以浙江如意、虎力等民营企业为首的低端市场,金字塔式的割据状态基本稳定。

图3 林德叉车

由于产品特殊,林德叉车的终端客户群体也较为特殊,和惠安石雕一样,往往不是个人,而是企事业单位,前来进货的都是中间商和批发商。林德叉车如何突破客户群体特殊性的限制，打造自己的品牌的呢？除了得到雄厚的资金支持外，根本在于林德叉车具有很强的品牌意识，重视利用事件营销来进行宣传。

林德叉车敏锐地意识到社会重大活动和事件有助于打响品牌知名度，因此乐于赞助和合办大型社会活动——举办林德叉车穿越中国活动，赞助北京奥运会、厦门马拉松赛、“林德杯”中国物流叉车巡回赛等。林德叉车还参与了众多中国教育文化事业和慈善事业，比如，资助厦门大学品学兼优的贫困学生；为联合国儿童基金会捐款，用于中国的妇女儿童保护事业；参与抗震救灾；捐款援助印度洋海啸灾区；捐助北京国安越野足球俱乐部“足球希望工程”；走进厦门社会福利院等。

3.3 景德镇陶瓷：走出去

作为中国的区域产业品牌，景德镇陶瓷和惠安石雕有许多相似之处，比如：都属于技艺传承的特殊产品，一个怕摔一个过重，运输成本都比较大；产品以出口为主，对海外市场的依赖程度加深；都是吃老本的区域产业品牌，目前靠的是从古至今积累起来的声誉，只注重眼前利益而忽视长期利益；一些陶瓷企业虽然市场铺得广，但知名度不大，被戏称为“家门口的状元”，在本地颇具知名度，但在全国甚至全球的大环境下就鲜为人知了，这与惠安石雕极为相似；景德镇陶瓷企业在市场推广方式上也是陶

图4　景德镇陶瓷

瓷博览会＋当地电视台＋网络，与惠安石雕如出一辙；景德镇陶瓷也无统一标识，产品的质量标准模糊。

尽管如此，由于长期的文化积淀，景德镇陶瓷拥有惠安石雕所没有的高知名度。而且，与惠安石雕故步自封，等着批发商和零售商前往采购的策略相反，景德镇陶瓷会更主动地“走出去”，形成覆盖产、供、销各个环节的地方网络。在地方政府的推动下，他们还在各个城市建立“景德镇陶瓷艺术中心”，让更多的人了解景德镇陶瓷。

4 小结

惠安石雕产业的中间商导向使之忽视了经营区域产业品牌，对外未树立起统一的区域产业品牌形象，内部传统的家族式管理着眼于当前利益，陷入价格竞争。笔者借助英特尔、林德叉车和景德镇陶瓷的反思，对B-B型区域产业品牌的建立提出三点建议：一是从大客户导向转向多极化营销模式；二是注重事件营销的影响，积极参与公益活动；三是从“坐商”到“行商”，走出去，让更多的人了解惠安石雕产品与文化。

参考文献

(1)李一新，崇武石材行业发展现状及对策[D].厦门：厦门大学工商管理，2002.

〔2〕黎晓珍，英特尔芯片攻略[M].广州：南方出版社，2005，P73～93.

（本案例由厦门大学广告系研究生郭晓玲撰写）

七、安溪铁观音渠道之病

1 引言

前面谈及的区域产业品牌多与手艺、技艺或文化有关，广东凉茶虽然跟当地的自然条件有关，但主要是当地的气候养成了当地人喝凉茶的习惯，本案例中的铁观音则是因为当地的自然条件（阳光、

图1 茶道

雨水、温度、土壤等)特别适合铁观音的种植而形成的区域产业,这与后文的法国葡萄酒、加州牛奶尤为相似。

福建安溪是中国优质乌龙茶名贵品种铁观音主产区,迄今已有1 000多年的产茶史。茶产业是安溪的主导产业,全县现有茶园面积45万亩,年产茶4.5万吨,2006年农民人均纯收入5 700元中茶叶收入占53%。据安溪县茶叶管理委员会统计,目前至少有10万安溪人在全国各地开设茶店、茶庄、茶艺馆3万家以上,安溪人在东南亚地区开设的茶店也已逾300家,法国、意大利、俄罗斯等国也都有安溪人开设的茶店。

2004年7月,安溪铁观音被国家质检总局认定为“原产地域保护产品”,安溪县制定了强制性国家标准,只有在安溪这一地域范围内种植生产的铁观音才是真正的“安溪铁观音”。安溪铁观音被国家认定为地理标志产品后,声名鹊起,一方面使得铁观音在国内外茶叶市场上声名远播,另一方面也遭遇了新的发展瓶颈。

我国是茶叶大国,有红茶、绿茶、乌龙茶、黑茶、黄茶、白茶六大类别。名茶在坊间流传久远,安溪铁观音即是十大名茶之一,独特的香气口感使其拥有一大批追随者,特别是在福建,家中乃至餐馆都以铁观音待客,为铁观音提供了极好的顾客口碑。在中国,好的东西总是容易被人家盗版,铁观音的口碑导致名茶泛滥。作为区域产业品牌,铁观音的品牌价值还仅仅存在于商标这一意义上,品牌的市场价值并未得到有效提升,有产量无品牌运作,这限制了安溪铁观音的发展。

在渠道上,铁观音地理标志滥用、冒名顶替的现象层出不穷。“江南无处不龙井”、“处处都是铁观音”,这种状况可谓是当下茶叶市场的写照。笔者走访了厦门的几家茶店,有已经打出品牌的连锁茶店,也有个体经营的小茶叶专卖店。当问起产品来源地时,都说是来自安溪“正宗的”铁观音,就连包装上也打着“安溪铁观音”字样,毫不避讳。笔者在川和茶、华祥苑、八马茶业、安溪铁观音集团等福建市场上比较知名的茶叶连锁店内能找到"安溪铁观音原产地域保护"的特许标牌，许多小店打着"安溪铁观音"的名号，却没有特许的授权文件。此外，同为铁观音，包装各异，仅从外观上无法辨认品质高低，全靠店内销售小姐推销，外行消费者无从知道其中的猫腻。如此一来，地理标志滥用冒用的现象极大地混淆了消费者的视听，影响了安溪铁观音的品牌形象。

以冒名形式存在的铁观音归结起来有两种情况，一是茶叶确实产自安溪，但品质上无法达到国家授权的标准，未获得安溪县茶业总公司的地理标志授权，挂"安溪"牌以求在"安溪"这把铁观音庇护伞下获取收益；二是非安溪产的铁观音，如福建漳州、龙岩等地的铁观音，假借"安溪铁观音"名目混入市场。更有甚者，把外地的茶青（从茶树上采摘下来未进行加工的茶叶）请安溪茶农加工后冠以"安溪铁观音"名号销售。如此一来，不仅外观包装上消费者无法辨别，品质上也无法保证，这就是安溪铁观音"公地悲剧"。

地理标志本是安溪铁观音的护身符，但区域内一些企业把它当作简单的标签，未意识到这个标志对整个区域产业深层的价值。地方政府相关部门，也未在市场中运用法律手段，坚决打击假冒、滥用铁观音的行为，在地理标志保护方面缺乏意识。

2　渠道之病

（1）产销分离。中国茶叶"病"在渠道，因为任何产销失衡的行业，都会导致行业话语权转移，即由生产方说了算转移为由渠道方说了算。产销脱节，是制约安溪铁观音良性发展的重大瓶颈。作为生产方，茶农的利益无法得到应有的保障，反倒是中间商在其中谋取暴利，不但破坏了茶农的生产积极性，也使得铁观音的价格无法透明地来衡量，消费者容易被误导。安溪虽然成立了铁观音茶叶总公司，"经营"着几千亩茶园，但相当部分是"契约式"的，即茶叶总公司按一定的价格向茶农收购茶青，经由茶叶总公司制作成产品，再以“凤山”等品牌统一对外销售。许多茶农还维持着“小农经济”的格局，采取作坊式加工，无法形成标准化规模化生产，品质上参差不齐。茶商以低价向茶农收购，而后以大大高于收购价的价格销售给消费者。安溪铁观音流通复杂，分销渠道竞争无序，效率低下，利润多被中间环节瓜分，渠道建设内耗严重。低端的散户小店间以打价格战取胜，高端茶品牌则走“送礼”路线，价格一路飙升。身为门外汉的消费者，对铁观音的品质、价格、品牌等都没有充分的认识，看到眼花缭乱，这种混乱使得铁观音在市场上难以形成持久的美誉度。缺乏协同竞争的共赢理念也是铁观音渠道建设上的问题所在，最终损害的是安溪铁观音这一区域产业品牌的形象。

图 2 茶园

(2)熟客营销。市场乱，那只好通过朋友介绍来买。在销售渠道的运营上，信任缺乏决定了消费者普遍通过朋友买卖茶叶。“我们老板的朋友比较多，散客来购买茶叶的情况比较少，不太多”，这是笔者在走访几家大型茶叶品牌专卖店了解到的情况。透过熟人关系来进行市场扩张是铁观音攻占福建市场最重要的手段，但这种方式很难迅速扩大市场占有率，尤其在区域外的市场上，熟客营销策略很容易受到当地已有关系网络的排挤。

(3)终端失控。笔者进入厦门地区的几家大型茶店，本应陈列特定茶厂茶叶的柜台上同时也代销轩尼诗、中华等名酒名烟，商家解释说因为是加盟店，所以在销售产品上控制得并不那么严格。通路终端监管不力，大多茶厂无法约束其专卖店经营其他的产品。

图 3　天福茗茶

3　渠道抢先做品牌

茶叶渠道混乱，消费者迫切需要一个可以保障其利益的渠道品牌。天福茗茶即是近年来迅速崛起的茶叶渠道品牌，其分销经验值得借鉴。天福茗茶采用生产、加工与销售一体化的商业模式，获得可观的利润。天福茗茶专卖经营，直接面向消费者，缩短了生产者同消费者间的距离，减少中间环节产生的成本。专卖店也采用统一的设计，统一店名，统一培训员工，在消费者心中确立一个标准清晰的形象。天福茗茶尽管是福建的企业，但它凭借多样化的销售策略，囊括了五大茶类产品，在广阔的中国市场上闯出自己的天地并走向国际市场。福建茶叶市场上的几家主要经营铁观音的大品牌也逐渐模仿天福模式，八马茶业、华祥苑、川和茶、中闽魏氏等拥有专卖店的品牌也开始用产、供、销三位一体的经营模式打造的品牌。

但从另一种角度来看，渠道品牌的成长以及多元化经营，使得安溪铁观音日益边缘化，茶农在市场上的话语权越来越小，沦为只追求产量的生产者。这就加剧了铁观音产品的同质化，后果是价格竞争，陷入恶性循环。法国葡萄酒则不同，将种植生产过程本身视为产品差异化的重要环节，建立起独特的酒庄文化与酒标文化，这样才能避免行业内部混战及各自拆台，共同做大市场蛋糕，也才能在与渠道商的谈判过程中拥有主动权。

只有经营“文化”才能夺回话语权，但文化究竟要怎么来经营？“茶道”一直是国人津津乐道的文化传统，承载着深厚的历史文化。然而目前宣传的茶文化过于深邃，过度高雅，消费者难以亲近。有人说，文化是虚的，就应该看不见、摸不着，但是在产品营销上，文化就必须让消费者看得见、摸得着。像法国葡萄酒一样，铁观音倡导的“文化”应该是“商品文化”、“主题包装文化”，应该是可以和消费者产生共鸣、促进销售，培养忠诚度的“文化”，不应当是孤芳自赏、不食人间烟火的“纯文化”，这也是中国许多地理标志性产品营销面对的普遍问题。联合利华的“立顿”茶饮料以亲民的文化姿态出现在消费者的视野中，虏获了年轻职场的顾客群，这也是安溪铁观音推广区域产业品牌时需要深刻思考的问题，如何将长期被奉为“艺术品”的“茶文化”重新包装推向市场，多角度细分并定位顾客群体，将铁观音文化发扬光大。参加茶叶展销会，赞助世博会茶饮等公关活动固然能为安溪铁观音赢得名声，但唯有整合生产、加工、销售多个环节，制造产业内部产品的差异化，细分群体进行精耕细作，才是产业建设的重心。

4 小结

安溪铁观音虽然被国家认定为地理标志性产品，但在其销售渠道上，地理标志被滥用、冒用的现象层出不穷，消费者真假难辨。作为区域特色产业，铁观音无力控制渠道，行业话语权转移至渠道，导致生产者弱势，茶农的话语权越来越小，只追求产量。这更加剧了产品的同质化，导致价格竞争，陷入恶性循环。笔者建议，安溪铁观音可以仿效法国葡萄酒，在整合生产、加工和销售三个环节上共同经营“看得见、摸得着”的茶文化，创造产业内产品的差异性，细分顾客群体进行精耕细作。

（本案例由厦门大学广告系研究生刘琦婧撰写）

八、法国葡萄酒生产暨文化

1 引言

上帝如此偏爱法国，不但赐予它美丽的风景和浪漫的文化，还有那闻名世界的香水、时尚的服饰，当然，还有那充满神秘色彩的酒庄。

提到葡萄酒，许多人首先会想到法国这个同时拥有香水、时装、巧克力、美食、美女的国度。虽然法国的葡萄酒不如意大利的产量那么高，也不如西班牙的种植面积那么广，但法国却被誉为“葡萄酒之乡”。其实，除了气候、土壤很适合葡萄的生长外，法国更拥有历史悠久的酒庄文化。和法国人的浪漫一样，酒庄承载的不仅是浪漫，还蕴涵了法国的历史和文化，担当着法国的经济重任。任何葡萄酒，只要冠上“法国”字样，就平添身份几许，长期以来，葡萄酒一直是法国人的骄傲，葡萄酒就像法国一张耀眼的名片，源源不断地为法国人创造财富。

法国葡萄酒的历史一直可以追溯到公元前1600年，腓尼基人将葡萄酒的种植技术和葡萄酒酿酒工艺出口到欧洲，他们在法国南部建立了以生产和酿制葡萄酒为主业的 MossiIia（现在的马赛），葡萄酒成为人们佐餐的奢侈品就是从那时候开始。到了18、19世纪，经过几百年的技术改良，法国酿制出优质的葡萄酒，雄霸葡萄酒王国。波尔多和勃艮第两大产区的葡萄酒代表着两个主要不同风格的高级葡萄酒：波尔多的厚实和勃艮第的优雅，这成为酿制葡萄酒的两个基本准绳。许多法国的酒庄还保留着几百年前的痕迹、古罗马式的城堡和几百年前的酿酒槽，酒窖中也收藏着几十年、几百年前的葡萄酒，它们都是可以喝的"文物"。

事实上，许多国家和地区都拥有使其国人为之骄傲的产业，如瑞士的军刀和手表、意大利的皮具、德国的啤酒等，它们在人们心智中与地理标志联系起来，成为当地的特色或优势产业。欧美国家在经营地理标志性产品方面有着悠久的历史和成功的经验，很值得我国的区域产业品牌借鉴。

图1　法国葡萄酒

2　法国葡萄酒的区域品牌经营

法国葡萄酒之所以如此成功，和以下因素的作用分不开：

2.1 悠久的酒庄文化

对法国人来说，葡萄酒是一种文化，一种生活，葡萄酒文化的灵魂凝聚在遍布法国的葡萄庄园里。酒庄起源于法国，酒庄面积不大，但种植、酿造到销售这一系列的工作都在酒庄中完成。不论是葡萄品种的选择，还是种植方法和酿造方法的使用，都体现出酒庄独特的风格。酒庄还根据不同的气候条件、土壤条件来酿酒，这就是法国与澳大利亚、美国等新兴葡萄酒国家的最大区别。选择这样的方式，是为了控制葡萄酒风格和质量。葡萄的种植和管理、葡萄酒的酿造到销售一条龙作业，把葡萄酒的质量控制前移到种植的每个环节，实行产前、产中、产后的全程控制。在每个环节上保证酒的品质，也最大可能地体现自家的酿造风格。

庄园的规模都不大，精工细作是酒庄坚持的工作态度。“酒中之王”拉菲堡对葡萄酒的要求非常严格，每公顷只种植 8 600 棵葡萄树，全部手工采收，经过精挑细选后，每公顷的葡萄汁产出控制在4 000～4 600升，平均到每株葡萄树上，数量少得可怜。葡萄酒酿造完成，又要经过严格的挑选，只有最好的葡萄酒才有资格贴上拉菲堡的酒标。如果该年的葡萄酒品质都达不到标准，那宁可不出，也不降低档次。这种“精工细作”，造就了法国葡萄酒的特点与风格；酒庄本身的历史与文化的沉淀，体现了酒庄的品牌与高雅的品质。在法国，2/3 的土地都能种植葡萄，在著名的 13 个葡萄酒产区内(见图 2)，有近 8 万家左右的葡萄酒庄园，80 余万公顷的葡萄园种植面积，出产 46 亿公升的葡萄酒。这些酒庄都拥有长达几个世纪甚至超过千年的历史，无论从品质和名气看，都堪称经典，那些售价不菲，被投资家追捧的世界名酒大部分出自法国的顶级名庄。这些酒庄都是一个个金字招牌，人们强烈地感受到，法国是最会创造品牌、最懂经营品牌的国家。

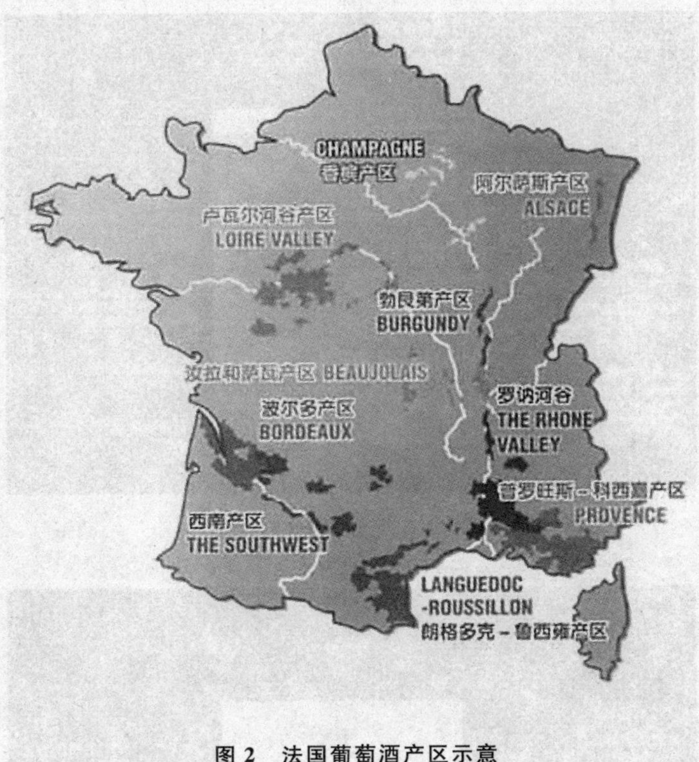

图 2　法国葡萄酒产区示意

2.2　神秘的酒标文化

酒标是身份证，其上有葡萄酒的基本信息。酒标是一扇窗，能让你从这方寸间获悉葡萄酒的秘密。酒标是密码本，读懂它便找到葡萄酒世界的入口。

凡是去过法国葡萄酒庄园的人，都会对那些独特新奇的酒标产生浓厚的兴趣。法国的庄园主们视酒标为酒庄甚至家族的荣耀。设计酒标（见下图 3 和 4）所倾注的心血，一点也不亚于种植葡萄和酿酒。

图 3　酒标 1

图 4　酒标 2

2.3　严格的监管和保护

法国政府在保证葡萄酒的品质上也探索良久，经历了许多波折之后，法国的葡萄酒品质管制机构趋于完善，并且写入法律，严格管理。

(1)监管措施。所有法国葡萄酒都受4个机构(INAO—法国国家葡萄酒及烈性酒控制命名管理局、ONIVINS—法国国家葡萄酒行业管理局、DGCCRF—法国国家竞争、消费、反欺诈管理局、DGI—法国国家税务总局)一系列的监督。从生产、流通、标签,法国政府都有相关的管理部门对这几个重要的环节进行严格管理。同时,法国对葡萄酒各个地区、酒园、葡萄品种、产量等的管理清晰、细致,可操作性强。这样的做法,也被意大利、德国、加拿大等许多国家效仿。

法国还建立了一整套严格和完善的葡萄酒分级与品质管理体系,制订出国家法律加以保护。在法国,葡萄酒的分级是终身制,严格限制法定产区的土地、产量、品种和酿造工艺,每年抽样检查,不合格者降级,其中,“土地”是产区分级的决定因素。法国法律规定,葡萄酒划分为4个质量等级:法定产区餐酒(AOC);优良地区餐酒(VDQS);地区餐酒(VDP);日常餐酒(VDT)。

(2)保护措施。除了对葡萄酒的严格监管外,法国政府也特别注重对葡萄酒的保护。原产地域产品命名这一概念(地理标志)最早由法国提出来,意思是用特定地方的名称来命名产于该地的产品,而该产品的质量或特性又是该地包括自然因素和人文因素在内的各种地理条件的总和。法国的葡萄酒一半以上生产于传统的酒庄,从单个酒庄的产量和规模上看,并不具有竞争优势,但法国的葡萄酒在国际市场上是以原产地域品牌出现,打的是原产地品牌(如波尔多酒)而非企业的商标品牌。商标是共用的,商标下方会注明酒庄,这样不仅降低了每个品牌对外的宣传和推广费用,大大增强了原产地的品牌效应,原产地品牌代表特定的产品特性。

地理标志对法国农业,特别是葡萄酒,的保护起了很重要的作用。法国的葡萄酒之所以知名而且持续发展,地理标志保护制度起了很大作用。法国在欧盟建立时坚持讨论地理标志保护制度,欧盟接受了,世贸组织也接受了这一制度。比如,波尔多产的葡萄酒就叫“波尔多葡萄酒”，该产品的质量、信誉都与波尔多有关。只有在法国香槟地区产出的起泡酒才能叫香槟；只有在法国干邑地区生产的白兰地才能叫干邑。法国在全球市场中进行品牌保护，充分发挥政府职能，保护酒庄的利益。

(3)行业协会。法国人常说：“只要有葡萄种植的地方就有酒协会。”法国政府在政策的制定和对外的利益保护上有很多相关政策，这些政策的实施和完善通过各个地区的葡萄酒行业协会来完成。这些葡萄酒行业协会得到国家的支持，对各地方的葡萄酒产业进行监管并提供服务，大大小小的葡萄酒行业协会遍布全法国。

法国的葡萄酒行业协会是介于政府与民间之间的组织形式，是政府与葡萄酒企业之间沟通的桥梁和黏合剂。同时，协会还会向葡萄种植者和酒生产者提供技术咨询与指导，组织培训，统一制作广告，举办品酒会或酒博览会等。协会的活动经费主要来自会员缴纳的会费，也有政府农业部门的少量补贴。

协会的工作人员大多在葡萄酒行业待过许多年，他们了解当地葡萄酒生产、销售等环节，拥有丰富的经验，这样的人员构成十分有利于对各项制度进行因地制宜的调整。协会的代表通过选举产生，不由政府委派。由于协会卓有成效的管理，即使在市场激烈竞争的今天，法国葡萄酒业仍能有序发展，这是法国葡萄酒能以酒庄经营模式赢得国际市场的重要原因。

2.4 技术上不断创新

在法国，葡萄酒的酿造已成为一门学科，许多大学设有专门的葡萄酒专业，还有专门的葡萄酒学院。众多葡萄酒研发机构与葡萄生产部门联合密切，这种方式保证了葡萄酒的长久生命力。政府对葡萄酒科研和相关技术培训的补贴力度非常大，技术人员培训的补贴力度达90%。

3 对中国铁观音们的启示

在法国,有句谚语说得很好,“打开一瓶葡萄酒,就像打开一本书”。法国并不是葡萄酒的发源地,但提到葡萄酒,人们自然会想到法国。究其原因,是法国人构建和创造出了悠久的法国葡萄酒酒庄文化,他们充分发挥酒庄文化区域资源优势,为葡萄酒业的发展壮大提供了源源不断的动力。法兰西人民通过数百年坚持不懈地严格监管、质量分级、酒标信息,将浪漫的法国葡萄酒文化传播到世界各地,创造出让世人长期信任的品牌。

一直以来,中国的茶叶和法国的葡萄酒有着“地球上东西方两颗最为璀璨的明珠”之称,在世界的舞台上扮演重要角色。法国葡萄酒的流行把葡萄酒文化带到世界各地,这与中国的茶叶、茶文化的流传和发展非常相似。中国的茶文化源远流长,法国的葡萄酒文化也有几千年的历史,这两者之间有许多共通之处,然而,中国的茶业品牌却面临着诸多问题,法国葡萄酒成功的市场经验非常值得借鉴。

3.1 质量是关键,实行全程质量控制

在法国,葡萄酒酒庄经营主要有两个关键:一个是葡萄酒的种植和采摘,另一个是葡萄酒的酿造。法国葡萄酒酒庄经营模式之所以成功,关键在于把葡萄酒的质量控制中心前移到葡萄的种植环节,实现了产前、产中、产后的全程质量控制,在每个环节上保证酒的品质。在中国,茶叶的生产也有两个环节,一个是茶园的种植与采摘,另一个是茶叶制作。茶叶与葡萄酒一样,其品质的好坏都是从种植开始的,从源头控制茶叶的安全和优质非常必要。自 2002 年来,安溪八马茶叶构建了茶叶质量可追溯机制,使安溪铁观音茶叶如法国葡萄酒一样,每一壶茶都可以追溯源头,这样就使茶叶质量得到严格控制,这种茶叶追溯机制经验值得其他区域茶企借鉴。

福建的天福茗茶就推行生产、加工与销售一体化的商业模式，不仅使茶叶质量得到严格控制，也控制了成本，为其带来可观的利润。

3.2 建立法定茶标，树立区域产业品牌形象标杆

法国是一个很懂得创造品牌和经营品牌的国家，法国通过创立“地理标志保护制度”、“葡萄酒分级制度”建立完善的原产地产品保护与质量监管法律体系，这有助于法国葡萄酒长远而持续的发展。这些监管和保护主要通过酒瓶上的酒标来进行，一般酒标上都会注明生产区域(酒庄名称和产区名称)、葡萄品种及采摘时间、含糖量、酒度、每公顷产量、种植方式、酿造方式、检测、标签标准等。越是高档的酒，酒标上的信息越清楚明确。

现在中国的茶叶市场上，地理标志的滥用已极大影响名茶在消费者心目中的形象。茶产品，尤其想成为名牌的茶，都应该学习法国葡萄酒的酒标制度，除了在标牌上印明茶名、厂家、商标、地理标志外，还应明确标示茶树品种、采茶区域、采茶时间、等级、制作方法等关系产品内在的信息，这样的茶才能给人们更多的信任和记忆。应建立全国统一的法定茶标，经过评定后的茶叶能达到什么样的级别就贴上什么级别的茶标，规范的茶标上显示的就是茶叶特定的产品特性及人们对产品的信任。

3.3 学习借鉴法国葡萄酒庄园模式，推进茶庄文化建设

中国茶业也可借鉴法国葡萄酒庄园模式，鼓励有条件的茶业专业合作社、种植大户或外来投资者，建设茶叶庄园，把茶叶庄园作为拓展现代茶业文化功能、产品功能和观光休闲功能的重要载体，推进茶业向茶文化旅游等第三产业延伸拓展。

3.4 继承和创新相结合

科技和文化的支撑是法国葡萄酒酒庄经营模式的成功经验，传

统酿造工艺一直沿用,每个酒庄的酿造方法都不同,这就保持了酒庄独一无二的特性。同样,无论制茶的科技如何发达,都要坚持茶在用料、加工及贮藏方向的制茶传统,坚持继承自身的历史和民族传统文化性,牢牢把握住讲究质朴、追求自然、向往真实的根本价值观及茶道高雅的精神。创新也是必要的,但太过固守老祖宗的东西,反而丢失了以人为本的理念。

法国葡萄酒品牌经营模式是现代农业的经典模式,其先进严格的管理机制和发展理念,对于由传统茶业迈向现代茶业的中国茶业来说,不仅是发展的方向,更是跨越的动力。也能在一定程度上促使中国茶业的生产和营销,扭转当前的混乱失序状况,促使其逐步走上规范化、品牌化的科学发展道路。

参考文献

〔1〕张晶,从法国葡萄酒文化看宁夏葡萄酒的崛起[J].企业研究,2007,(12).

〔2〕翟艳丽、杜娟,解读法国葡萄酒[J].中外食品(酒尚),2007(8).

〔3〕汲取法国葡萄酒酒庄文化,创新安溪铁观音发展模式,http://www.agri.gov.cn/fxycpd/qt/t20090511_1269929.htm.

(本案例由厦门大学广告系研究生吕娇燕撰写)

九、加州牛奶广告建奇功

1 引言

首先，我们大概了解美国牛奶品牌分布情况。在美国，畜牧业非常成熟，牧场分布相对均匀，牛奶生产基地距离消费者相对较近，而且交通运输发达，冷冻设施完善。从图 1 中可以发现，牛奶品牌分布于全国，东部的牛奶品牌比较集中，因为东部地区人口较为集中，纽约、华盛顿、费城等都集中在东部，牛奶消费量大。Wal-mart 和 Tesco 这样的大型超市，一般都自有牛奶品牌，情况类似于国内的屈臣氏。

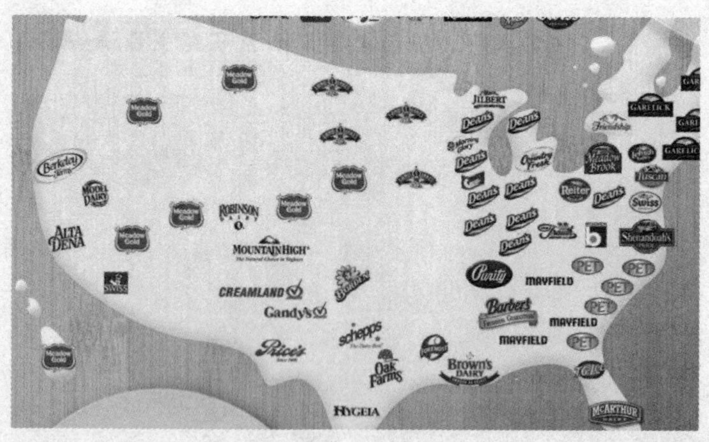

图 1　美国牛奶品牌分布图

当你问一个美国人，全美国最好的牛奶来自哪里，十有八九的美国人会告诉你，加州和佛蒙特的牛奶是全国最好的。本案例即研究美国加州牛奶的区域产业品牌塑造。

2 广告建奇功

在加州牛奶加工者促进会成立之前，加州牛奶顾问委员会(California Milk Advisory Board)为了响应政府的号召，发起了一项名为“牛奶使身体健康”(Milk does body good)的广告运动，鼓励人们每天多喝一点牛奶。

由加州牛奶生产商组成的加州牛奶加工者促进会(California Milk Processor Board)成立于1993年，他们最先考虑用广告解决牛奶销售疲软的问题。开始时制作投放了一系列电视广告，广告语为“喝牛奶了么(Got Milk)?”广告呈现各种没有牛奶却很需要牛奶的场景，比如圣诞老人发现人们只给他留下曲奇而没留牛奶，生气地准备拿回要送的礼物。与此同时，他们还开展各种促销活动。广告语“喝牛奶了么?”很快就在人们中流行开来，成为大家彼此开玩笑的流行语。

这次地区性广告活动成功后，两家全国性机构——乳制品管理委员会和全国液体牛奶加工者促进委员会决定于1996年在全国联合发起全方位的消费者教育行动，通过多种渠道到达不同的消费者，号召人们多喝牛奶。“Got Milk”广告运动总能邀请到有影响力的娱乐界、体育界的明星来拍摄长“牛奶胡子”(milk mustache)的照片，向大众宣传喝牛奶的好处。广告初期主要是针对女性，所以选择女明星代言，强调牛奶对骨骼、健康、美容等方面的好处。后来针对年轻人的投放的广告，则选择流行歌手或体育明星代言。针对美国多民族的情况，广告还特别注意聘请黑人明星和亚裔明星代言。针对学生，则以学生最喜欢的奖学金来吸引他们。从莱昂纳多·迪卡普里奥到姚明，从安吉丽娜·朱莉到成龙，从贝克汉姆到章子怡，诸多明星都为加州牛奶拍摄广告。就连可爱的皮卡丘、力大无比的绿巨人、加菲猫、蝙蝠侠也上了牛奶胡子广告。不论广告里换了哪一位明星的脸，明星唇上永远都有一抹牛奶小胡子，多年来一直不变。在近十年的时间里，这个广告让所有美国人为之尖叫，该广告战役被认为是有史以来最伟大的广告战役。

图 2 Got Milk 广告

加州牛奶加工者促进会还通过整合各种媒介——平面、广播、电视、户外广告等来扩大宣传力度，他们对公众进行关于牛奶重要性的教育，通过散发小册子、食谱等材料来提高公众对牛奶重要性的认识。他们宣传说，为了获得最高质量的牛奶，加州牛奶农场主非常关心牛的身体健康和幸福感，加州牛奶加工者促进会甚至还举办了名为“happy cow”的评选活动，他们给每头牛起名字，把它们的生活图片发到网站上，人们可以为这些可爱的牛们投票。同时，加州牛奶加工者促进会还设计了一款主题为“happy cow”的小游戏，让人们通过亲自饲养来得知什么样的饲养方法才能使牛更开心、更健康。

3　加州牛奶产业内部企业介绍

据了解，加利福尼亚是美国乳品第一大州，拥有2 000多家家族乳品企业，180 多万头奶牛。加州生产的乳品约占美国的 22%，出口的乳品约占美国的 40%，主要出口奶粉、浓缩乳清粉、黄油和奶酪。加州乳制品企业不但严格控制产品安全标准，而且保持美国传统自然的乳品生产方式。事实上，产自加州的牛奶，无论是含钙量还是蛋白质含量，都超出美国国家标准的规定。

加州牛奶产业内部的企业品牌(见图 3)，主要指液态奶，在包装上均印有“real California milk”标志。Berkeley Farms 是北部加利福尼亚最流行的牛奶制品品牌。在过去的 90 年时间里，Berkeley Farms 致力于为每个加利福尼亚家庭提供高质量的牛奶产品。Berkeley Farms 归属于 Dean Foods(世界 500 强企业)，同时也是牛奶类产品的领头羊。它特别强调自己的牛奶是“no RBGH”(Recombinant Bovine Growth Hormone)，即不添加牛的成长荷尔蒙来促进牛生长以供给更多牛奶。Berkeley Farms 强调自己的牛奶都来自加州的家庭式农场，强调农场主用紫花苜蓿干草饲养这些奶牛，以提高牛奶的营养含量。美国饮食协会授予 Berkeley Farms 美国饮食金奖(the American Taste Gold Medal)和最佳展示奖(Best of Show Medal)，这是 Berkeley Farms 引以为豪的。

南加州最流行的牛奶制品品牌是 Alta Dena，Alta Dena 同样强调快乐的奶牛，每只牛都有 500 平方米的自由空间，那里的农场主每天很早起来，让奶牛们吃到健康的早餐，奶牛们吃的是绿色的紫花苜蓿干草，挤出来的牛奶要通过严格的测试和温度控制，在 24～48 小时内送至消费者手中，确保牛奶的新鲜和美味。

加州中部的牛奶品牌是 Stermicks Heritage Foods，Stermicks Heritage Foods 于 2008 年获得美国"最好喝的有机牛奶"荣誉称号。公司的格言是"自然就是最好的"，宣称自己每天都为这个标语而努力，其平面广告的代言人也都有"牛奶胡子"，与"Got Milk"运动一致。Stermicks Heritage Foods 强调小母牛成长于加州中部10 000亩的山脚牧场，长成后，它们被迁移到加州中部2 000亩的牧场，有干净的水、新鲜的空气、有机的农场和足够的锻炼。

此外，在加州，Organic Pastures Dairy Company、Clover Stornetta Farms、Sunnyside Farms 均是赫赫有名的牛奶品牌。

图 3　加州牛奶品牌

4 加州牛奶给我们的启示

与法国葡萄酒一样，加州的产业集群形成的主要因素是自然条件。加州是亚热带地中海型气候，总体上温暖晴朗，光照充足，降雨主要集中在冬季，非常适合植物的生长。所以，加州是美国农业最发达的州，农业用地占全州的30%。中央谷地是最富庶的农业地带，那里的葡萄酒、核桃、牛排都特别出名。加州是世界第四大葡萄酒生产地，其产量占全美的90%，拥有1 000多家酒庄，其中最有名的是纳帕谷，纳帕谷是美国美食美酒的精神象征。据加州葡萄酒协会称，美国人对加州葡萄酒的消费越来越高，加州葡萄酒在美国市场总销量约4.67亿加仑。在区域产业品牌伞的保护下，加州农产品备受美国人的青睐。区域产业品牌会对区域内企业产品及个体品牌起着很强的原产地背书作用。

加州牛奶的成功给我们指明了另一条路径，没有法国酒庄悠久的历史和文化底蕴，广告也可以帮助区域产业成功建立品牌。CMPB的执行董事杰夫·曼宁聘请旧金山的古柏·希尔福斯坦公司，针对已有牛奶消费习惯的消费者设计广告，鼓励他们多喝牛奶，1994年，加州牛奶销售量首次出现增长。实行全国广告战略的时候，CMPB选择了以创意和制作印刷广告著称的波泽尔国际广告公司代理广告业务。之所以选择杂志作为广告媒体，主要因为杂志能针对种类多且明确的目标受众最大限度地展示产品。于是获得无数奖项的“Got Milk”广告运动诞生了。

在美国的其他州，包括中部平原地区，牛奶产出比例也很高。比如，在纽约超市逛逛，少有品牌会标明原产地，除了两个牌子标明来自新泽西州，Farmland Dairies、Stonyfield Organic、Welsh Farms、Organic Valley等牛奶品牌均宣传自己是有机的、不包含添加剂、纯天然的、品质好的、历史悠久的。在美国，很少品牌拿产地作为卖点。加州牛奶内部各个品牌间差异并不大，基本都以“快乐奶牛”为主轴，强调牛奶的高质量。加州牛奶创新地采用原产地为卖点，聚沙成塔，集合区域内奶企的整体优势，在全国性的竞争中脱颖而出。

此外，加州牛奶同样经历了由政府主导到大品牌主导，再到行业协会主导的过程。从政府主导的CMAB到大品牌Berkerly主导，再到行业协会CMPB主导。国外的案例一再证明，发挥行业协会作用，这一经验值得我们学习和借鉴。区域产业品牌具有典型的“公共物品”属性，可获得一荣俱荣的巨大收益，也要冒一损俱损的巨大风险。因此，保护和发展区域产业品牌需要区域内所有企业共同努力。充分发挥行业协会的作用，建立有效的宣传机制，互相协调机制，克服区域品牌建设与管理的分散性。同时，积极申请商标保护，禁止市场上以次充好，破坏区域品牌的发展。

（本案例由广告系研究生刘妙娜撰写）

十、瑞士钟表良性竞争和谐发展

1 引言

在国际市场上，只要提及高档钟表，人们就会不由自主地想到瑞士，“瑞士”简直就是高档钟表的代名词。同样，当消费者提及瑞士这个国家时，总会想起钟表这个大类的产品，认为所有来自瑞士的钟表都具有卓越品质。这说明，瑞士已经建立起基于钟表产业集群的区域产业品牌，瑞士制表业拥有难以复制的品牌环境和无与伦比的综合优势。瑞士国家品牌为本国钟表产品在国际市场上散发诱人品牌魅力提供了强有力的背书，成就了瑞士区域内的众多钟表品牌。

对于区域产业的管理者而言，协同区域产业内的个体企业共同做大域外的市场蛋糕，提升区域产业的品牌价值，尽可能避免或减少区域产业内部的恶性竞争，是最难的环节。加州牛奶产业内部个体企业差异化小，个体企业着力于生产高质量的牛奶，对外营销由加州牛奶委员会统一执行；法国葡萄酒则通过酒庄与酒标文化来制造内部差异；瑞士钟表产业凭借价格分段策略、现代品牌营销的技巧以及行业协会的作用，摸索到另一条引导区域产业内部良性竞争和谐发展的道路。

2　瑞士钟表的国家品牌背书策略

钟表制造业是瑞士的传统产业。从16世纪中叶瑞士制表业出现到现在，瑞士钟表就以其质量闻名，赢得“瑞士制造”的美誉。凭借“瑞士制造”这个烧不掉的资产，上世纪80年代瑞士制表业演出了一部《出埃及记》，打败了来自日本和香港的低端竞争对手，重新成为产业的王者。现在，瑞士钟表95%以上用于出口，多年来瑞士一直稳居世界第一大钟表出口国的地位。可以说，瑞士制表业已经成功创建起基于钟表产业集群的区域品牌，以区域品牌提升区域内所有制表企业的国际竞争力。

图1　瑞士表广告

国家背书策略起作用有两个基本条件：一是消费者能够清晰识别国家品牌形象，他联想国家品牌形象时，能够用明确的词语来描述或刻画这个形象；二是当消费者对产品的认知度不高，尤其是面对不熟悉的新产品时，更有可能联想到国家品牌形象（杨晓燕，2007）。瑞士钟表刚好具备这两个基本条件。

一方面,"瑞士"国家品牌形象已经被世界各地的消费者识别。捷思 2008 年公布的国家形象调查报告中,瑞士因为拥有"富有"、"安静"、"高贵"和"友好"的国家形象,超过三成的中国被访者将其选为印象最好的国家,在全部 31 个被研究的国家中位列第一。瑞士是世界上最强大的品牌王国。高级钟表、金融、国际政治、观光旅游、风土人情……不管在哪个领域,都强有力地确立了"瑞士·名牌"这样一个观念(矶山友幸,2008)。瑞士钟表的国家品牌背书策略能够获得成功,很重要的原因就是这些企业的大本营——瑞士这个国家本身就是一个知名度美誉度很高的国际品牌。作为优质和具有独特风格的国家品牌,瑞士促进了其背书的整个瑞士钟表业的国际营销。

另一方面,作为身份地位的象征,高档钟表已为许多消费者所接受,但对于高端钟表品牌而言,消费者并不十分熟悉其性能质量等指标,有强大良好的国家品牌来为之背书,往往更容易获得消费者的好感和信任。

瑞士的许多钟表就利用消费者对瑞士国家品牌形象的认可,巧妙地运用国家品牌背书策略,不仅在钟表的表盘上刻着"瑞士制造"的字样,其 Logo 标识就包含有"Swiss(Switzerland)"字样,甚至直接使用瑞士国旗的十字形图案或瑞士国徽的盾形图案。

表 1 部分瑞士钟表的品牌名称及其 Logo 一览表

品牌名称	品牌 Logo	品牌名称	品牌 Logo
斯沃琪(Swatch)	swatch	梅花(TITONI)	TITONI OF SWITZERLAND
天梭(TISSOT)	TISSOT SWISS WATCHES SINCE 1853	豪利时(ORIS)	ORIS Swiss Made Watches Since 1904

续表

品牌名称	品牌 Logo	品牌名称	品牌 Logo
雷达（RADO）	RADO SWITZERLAND	拜戈（BALCO）	BALCO SWISS WATCH 瑞士 拜戈表

可以看出，将国旗以及国徽图案独具匠心地应用在产品品牌的CI上，既众星捧月般捧起了瑞士的国家品牌，同时又借助这一国家品牌为自己背书。这种商家力捧国家品牌的爱国传统，不断地强化瑞士国家的品牌形象，反过来在顾客心理层面上为区域内产品提供了质量担保，增强了消费者的购买信心。被背书品牌如果表现卓越，国家品牌对消费者先前的承诺（背书）就会再度得到强化，并与消费者建立可持续的、可信任的品牌关联。这个时候，国家作为品牌载体，为瑞士区域内的钟表品牌进入国际市场提供原产国的“佐证”，瑞士钟表企业可以借助国家品牌迅速扩大自身影响，提高市场竞争力。

3 瑞士钟表产业内部的差异化竞争策略

在市场经济中，竞争是企业生存和成长的永恒主题。对于区域内的诸多同行业品牌来说，最主要的问题是解决产业内部个体企业之间、品牌之间的竞争与合作关系，有效避免同类企业相互打架、竞相压价、恶性竞争。在这一点上，瑞士钟表产业凭借价格分段策略、差异化的品牌定位与营销技巧，摸索出一条避开单纯性能竞争和价格竞争的道路。

首先，在浓郁的培育品牌的氛围下，瑞士钟表企业创立了许多知名品牌，在全球市场上获得区域竞争优势。其次，瑞士制表业十分注重知名品牌的差异化，不断强化自己品牌的独特性，不惜采用截然相反的风格，这就使得瑞士国家品牌背书下的钟表品牌之间不是对抗性的竞争，而是柔性的、协作式的竞争。瑞士钟表业凭借着品牌差异化策略，成功避免产业内部的恶性竞争。

3.1 基于价格分段策略进行市场细分

20 世纪 70 年代末，定位于只走高端品牌高价位路线的瑞士钟表业陷入空前危机。源于日本的廉价石英钟表及电子表成为市场主流，批量生产使得钟表业面临残酷的价格竞争。当时，瑞士出品的钟表产量在全球市场中的比例从 43%急剧下降到 15%。提高品牌价值，使瑞士钟表不被“性能”和“价格”所左右，从而与挑起价格竞争的日本钟表业对抗，成为复兴瑞士钟表业最难的环节。

以斯沃琪集团为代表的瑞士钟表业认为，要基于价格分段策略进行市场细分，在每个价格段都打造出名牌，即使是低价位的钟表也要保持高品位的品牌形象。

表 2　瑞士部分钟表的价格分段

最高价区	宝玑、宝珀、珐琅、伯爵、劳力士、百达翡丽
高价区	欧米伽、浪琴、雷达、积家、万国、帝舵
中价区	天梭、雪铁纳、汉密尔顿、米度、梅花
平价区	斯沃琪、飞菲、安多拉

在低端市场上，斯沃琪以塑料表身加入多样化的设计为特征，几百元就能买到，颠覆了一直以来瑞士表留给人的奢华及稀有的印象。同时也打破人们“便宜没好货”的传统观念，因为它具备瑞士表的高质量：重量轻，防水防震，电子模拟，表带是多种颜色的塑料带，各种颜色都很鲜艳，很适合运动。斯沃琪另类营销还体现在独特的促销技巧——维护高品位低价位的品牌形象。低价位和高品位似乎难以调和，但斯沃琪却别有一套功夫。斯沃琪就像流行时装品牌一样，分春夏和秋冬，一年两次举行新品发布会，各种款式的钟表都

以半年为期限销售，斯沃琪每年分两次推出数目有限的时髦手表，使便宜的手表都有收藏价值。另外，斯沃琪多元化的设计可以搭配各种时装，有效地开拓了钟表业界向来难以涉足的女性消费者市场。

在中端市场上，天梭表的定位是平民奢侈品，最具竞争力的价格让它用最短的时间将销售点铺遍 150 个国家，被誉为“世界上最流行的腕表品牌”。以“朴实和耐用”著称的梅花表则是小而独立的品牌，腕表的平均价格让工薪阶层都能负担，在表现含蓄之美和纯正高雅的同时呈现简约极致。

高端的瑞士钟表使落后于石英表和电子表的“机械式”钟表带上“传统”、“精密”甚至“有乐趣”的新魅力，瑞士钟表制造商将钟表这种商品的价值扩张到极致。宝矶、宝铂和珐琅表等拥有悠久历史的老字号虽然被斯沃琪集团收购，但都保留原有名称，并被定位为比浪琴表和雷达表更为名贵的顶级品牌。这些以机械式运动的设计和精密为卖点的高端钟表品牌，成为拥有者的身份象征，向消费者提供了新的价值，从而成功躲避与其他品牌之间的价格竞争。

正是凭借这种基于价格分段进行市场细分的策略，瑞士钟表业成功避免了价格恶性竞争，打败了玩弄价格大战的日本钟表厂商，使瑞士钟表从破产危机中浴火重生。

3.2 打磨每个品牌的个性

广告大师奥格威认为：“最终决定品牌市场地位的是品牌本身的性格，而不是产品间微不足道的差异。”这个性格，便是品牌个性。消费者购买钟表时缺乏专业指导，购买过程中存在信息不对称问题，他们决定买或不买某一产品很大程度上取决于该品牌是否具有鲜明的个性。

瑞士钟表业非常注重打磨每个品牌的个性，使每个钟表品牌都拥有鲜明的风格和明确的受众。“如果你想显示尊贵，就去买欧米茄;如果想来点运动感觉,就去买天梭;当然你想天天换块钟表,斯沃琪比较便宜;如果你想优雅,来看看浪琴吧!”“商人用劳力士,医生用欧米伽,大学教授及工程师用万国表”。在斯沃琪集团形成之前,欧米伽曾向竞争对手“劳力士”发起挑战,硬性扩大销量。但是这种竞争却适得其反,它不仅损害了奢侈钟表欧米伽“物以稀为贵”的品牌特征,还造成销量锐减,动摇了欧米伽品牌经营的根基。可以说,正是因为那一次的反思,瑞士钟表业逐渐产生自身的品牌差异化营销的理念,让每个品牌拥有自身的风格,避免陷入同质化竞争。斯沃琪集团甚至确定了这样的一个体制,给旗下的每个品牌设置一名“品牌经理”,全权负责每种产品从品牌规划到市场营销的每个细节。

以位于金字塔上端的瑞士钟表品牌为例,号称“表中王中王”的百达翡丽的经典广告语是“没人能拥有百达翡丽,只不过为下一代保管而已”,传达“为下一代继承”的意念。它不以复杂的机芯或者华丽的外观见长,甚至在其男装表的外壳上很少镶嵌钻石或者宝石。百达翡丽始终坚持自制机芯,限量生产,天生就具有儒雅内敛的贵族气质,适合有一定的气质和风度,谈吐文雅,具有“贵族气”的成功人士。劳力士钟表的诉求则是“尽显帝王之霸气”,与“成功”并且“掌控每一分钟”的巨大的心理感受密切联系,因此尤受富豪们的喜欢。浪琴则宣扬“优雅态度,真我个性”,如同浪琴使用了多年的形象代言人奥黛丽·赫本,优雅是浪琴一贯的旗帜,比较适合一般白领阶层,不张扬但是非常有风度。帝舵 Tudor 这个名字来自英国的都铎王朝,象征雍容典雅的贵族,它的每个系列都用与王室有关的名字命名组成兴旺了“帝王家族”。以珠宝表出名的伯爵钟表,为表中后起之秀,被称为高贵女人必备,令无数望族富婆趋之若鹜。拥有 144 年历史的豪雅表完美融合美学、科技和功能,是瑞士运动腕表的先锋品牌,被称为“自 1860 年以来,瑞士前卫风格的代表”。万国表的口号是“只做男人的腕表”,其外形设计更是独具特色:首先是以圆形表壳为主，其次是大表盘，非常适合男士，特别是 IT 业或者其他从事工程方面的男士。

图 2 即是瑞士名表的定位草图。区域产业内部良性竞争的关键在于为不同品牌定位满足顾客多元化的需求，让每种品牌拥有明确的个性。瑞士钟表业使用多元化的品牌组合，迎合了从中东富豪到发展中国家的青年等多种多样的市场需求，这种经营理念使得区域内众多的品牌避免陷入价格和同质化竞争。在经济衰退期，奢侈品市场一旦受到影响，还可以采用廉价品牌来吸引顾客，从而稳定整个区域产业的收益。只拥有单一的高档品牌，在经济衰退时期就无法与竞争对手打价格战。

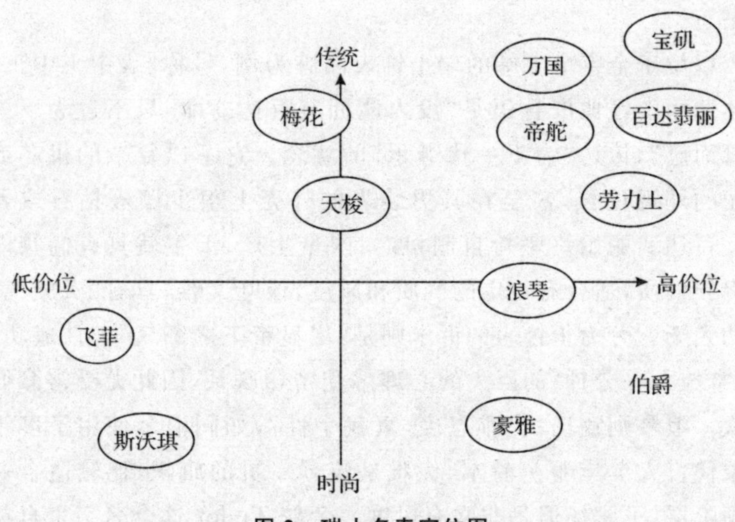

图 2　瑞士名表定位图

4　瑞士钟表协会的作用

瑞士钟表协会的前身是 1601 年创建的日内瓦制表协会，这是世界首家钟表行业协会。现在，瑞士钟表协会是独立于瑞士政府部门的非盈利性组织，有超过 500 名的成员，占钟表制造商的 90%。它为瑞士区域内的钟表企业提供服务，协调企业之间关系，管理瑞士钟表的区域品牌的发展。具体作用体现在以下三个方面：

4.1 制定质量法规和区域品牌的使用章程，维护区域品牌的产权

瑞士钟表协会极其重视品牌和原产地标志的使用，通过制定或修订行业标准、"瑞士制造"标志的使用章程和规定、监督瑞士钟表在经营过程中遵守区域品牌的管理规定等，维护区域内钟表行业和企业的利益。

保护"瑞士制造"标志是瑞士钟表业的重要任务，获得瑞士钟表协会授权发放的原产地证明的钟表企业，都达到很高的标准。在瑞士钟表协会的努力下，瑞士于 1992 年制定了《商标及原产地标志保护法》，加强了对违规产品给予民事及刑事惩罚的力度，瑞士海关也对进出口及转口钟表实施更严格的监管。同年，钟表协会制定《瑞士表类"Swiss"标识使用条例》，详尽规定"瑞士制造"及相关标志的使用范围。2007 年，瑞士钟表协会出台了更严格的标准，规定机械钟表至少 80%的制造价值在瑞士完成，电子钟表至少 60%在瑞士完成，瑞士钟表的技术和样品设计也应在瑞士本土进行，才能称作"瑞士制造"。尽管全球化浪潮带来备受推崇的"无国界化"，但许多瑞士钟表企业始终坚持将瑞士作为根据地，维持着瑞士原产国的精神，以保证钟表的品质和正宗。

4.2 沟通政府与企业的联系，利用 WTO 等条款维护本区域内钟表品牌的权益

"瑞士制造"标志在为瑞士钟表业增添光彩的同时，也难免带来麻烦——"Swiss Made"成为世界钟表业内被盗用最严重的标志之

一。假冒产品对瑞士钟表业造成严重损害，不仅影响产品销售，而且损害瑞士钟表的整体形象。据估计，此项损失每年达 8 亿瑞郎。

为打击假冒，保护瑞士钟表品牌的价值和消费者的信心，瑞士钟表协会建立质量反馈追踪系统，坚决杜绝假冒伪劣产品。他们充分运用各国的法律及国际协定，与假冒产品展开针锋相对的斗争，其中包括利用瑞士与欧洲诸国达成的双边协定，利用世界知识产权组织及世贸组织制定的双边框架协定，诸如有关贸易中的知识产权保护条约——TRIP 协议等。

同时，瑞士钟表协会代表整个瑞士钟表业致力于打假，该协会在世界一些地方，如香港，就有专门制假调查的团队，以加大钟表制假调查力度，向各国政府举报假冒事件，如 2006 年瑞士钟表协会就向中国政府举报了 350 起假冒事件。2007 年，瑞士钟表协会副主席雅克·迪谢恩先生随瑞士经济部长访问中国和越南，代表瑞士钟表行业企业与两国政府讨论钟表仿制问题。

应该说，瑞士钟表协会通过与各国政府进行有效的沟通和互动，反映瑞士钟表企业的心声，进而影响政府的政策，为企业争取更多的利益。

4.3 协调企业促销和宣传行为，提升瑞士钟表整体的知名度和美誉度

瑞士钟表协会通过研究分析钟表行业以及钟表品牌的发展状况，制定行业或区域品牌的管理与营销计划，积极组织、引导、协调和管理企业的促销行为，通过举办或参与各种展会、洽谈会等，组织企业联合开展市场营销、公关等活动，助力区域内品牌走向国际市场。

随着瑞士钟表企业走出国门走向世界，为了增强区域内钟表企业及其产品的竞争力，瑞士钟表协会的活动也逐步国际化。由瑞士钟表协会主办的一年一度的巴塞尔国际钟表珠宝展览会是世界钟表和珠宝领域最大规模的展会，被视为全球奢侈品市场的风向标。

由瑞士钟表协会主持评选的“年度钟表”和“日内瓦制表奖”，是制表业的最高荣誉。此外，瑞士钟表协会建立自己的网站开展网络营销，充分利用多媒体、图片、视频洽谈等手段，宣传、展示和推介瑞士钟表品牌。

5 小结

可以说，瑞士钟表业的内部运作为区域产业内部品牌的良性竞争做出良好的榜样。首先，要进行区域产业整体营销与形象宣传，以提升区域产业在国际上的知名度与形象；其次，培育产业内部知名品牌，进一步提升整个区域产业的竞争优势；再次，实施产业内部个体企业的差异化营销策略，不断强化不同品牌的独特性；最后，将行业的具体管理与营销交由专门的行业协会来承担，充分发挥行业协会的作用。法国葡萄酒、加州牛奶和瑞士钟表三个国际成功的区域产业品牌案例均告诉我们：行业协会在有效治理“公地悲剧”，理顺区域内产业竞争秩序，达到良性竞争方面，发挥着举足轻重的作用。也许在中国，政府的强力介入，初期对行业协会的扶持与授权，也相当必要。瑞士钟表业为避免区域内品牌陷入对抗性的恶性竞争，发展出一套柔性的、协作式的竞争，这值得中国区域产业管理者借鉴。

参考文献

〔1〕[日]矶山友幸，品牌王国瑞士的秘密[M]，霍芬译，北京：中国社会科学出版社，2009，P8.

〔2〕杨晓燕，国家品牌效应：欧盟品牌全球营销的利器[J]，国际经贸探索，2007，23(7)，P77.

（本案例由厦门大学广告系研究生张芝云撰写）

十一、意大利瓷砖融合本国文化基因

1 引言

在当今世界，产业集群已成为一国或地区竞争优势的源泉，一国或地区经济的持续增长与产业集群的蓬勃发展密切相关。其中，意大利产业集群型模式被视为推动地方经济、促进中小企业发展的成功范例，在国际上受到赞誉。

意大利的瓷砖产业承袭了这种被誉为意大利中小企业成功之母的产业集群型生产模式。目前，意大利全国有195家公司生产瓷砖，从业者达到26 346人，年均生产513百万平方米(CTI，2010)。这些瓷砖企业主要集中在有瓷砖之乡之称的摩德纳省(Modena)和勒佐艾米利亚省(Reggio Emilia)，这两个省的瓷砖产量就占全国总产量的80%(杨凤，2002)。其中，位于摩德纳省(Modena)的萨斯索罗(Sassuolo)是以生产瓷砖而闻名的工业小镇，全球65%的高档瓷砖从这里出口到世界各地(孙艳和许媛媛，2009)。足见，意大利瓷砖产业的集群程度之高。意大利的瓷砖企业大多数是规模不大的中小型企业，以家族式经营为主。它们以地域为中心，彼此间密切协作，形成数量众多的、空间分散但同一区位内高度集中的瓷砖产业集群区。

在过去30多年来，意大利的瓷砖产业取得飞速的发展，无论是产量还是出口量，都在世界上处于领先的地位，如表 1 和表 2 所示（俞康泰，2006）。

表 1 世界瓷砖生产总量前四名国家及近年产量

（单位：百万平方米）

顺序	国家	2000 年	2001 年	2002 年	2003 年	2004 年
1	中国	1807	1810	1868	2000	2200
2	西班牙	621	638	651	624	635
3	意大利	632	638	606	603	586
4	巴西	453	473	508	534	566

表 2 世界瓷砖出口总量前四名国家及近年产量

（单位：百万平方米）

顺序	国家	2000 年	2001 年	2002 年	2003 年	2004 年
1	意大利	436	441	438	418	413
2	西班牙	312	339	357	336	341
3	中国	34	53	125	207	270
4	巴西	57	60	74	103	126

对比上面两个表格，我们发现，虽然意大利的瓷砖产量并不是全球最大的，但其出口量却一直稳居榜首，足见意大利瓷砖在国际市场上受欢迎的程度。现在，意大利瓷砖产业每年的销售额高达 55.2 亿欧元，其中出口就贡献了 40 多亿欧元。其出口量已经占到世界瓷砖贸易量的 35%，每年销往世界各国的意大利瓷砖占其总产量的 70%（CTI，2010）。环视全球，意大利的瓷砖产业已经坐上行业龙头老大的位置且一时难以撼动。

但是，意大利并不是传统意义上的瓷砖生产强国。在意大利瓷砖业的早期发展阶段，原料和生产技术都依赖外国。50 年代，瓷砖主要原料是白色高岭土，需从英国进口。50 年代到 60 年代，瓷砖窑需从德国、美国或法国进口，瓷砖成型机从德国进口。而且，意大利瓷砖产业从一开始就面临着来自中国、巴西、西班牙等瓷砖生产大国的激烈竞争。

由此，引发了人们的诸多思考：为什么处于相对弱势地位的意大利可以创造出瓷砖产业的奇迹，什么使得意大利瓷砖走向世界并取得如此瞩目的成就，意大利瓷砖产业如何在激烈的国际市场竞争中脱颖而出？

答案在于，在意大利陶瓷工业协会的领导下，意大利的瓷砖企业已经成功创建起基于瓷砖产业集群的区域品牌，实现了以区域品牌树立集群企业的整体形象，以区域品牌提升区域内企业的竞争力，抱成集团军一起走向国际市场。

2 意大利瓷砖的区域品牌全球营销策略

2.1 创立并推广统一的区域品牌商标

上世纪 70 年代初，意大利瓷砖刚刚开始大规模走向国际市场，如何在国际市场上树立品牌，成为出口企业面临的难题。意大利瓷砖产业以中小企业为主，独立打自己的品牌，单个企业负担不了巨额的营销费用。单个企业即使闯出品牌，其抵御风险的能力也不强。于是，创立统一的区域品牌商标成为意大利瓷砖企业面对国际市场、提升自身竞争力的需要。经过权衡，意大利建筑陶瓷和耐火材料协会(Assopiastrelle，Association of Italian Ceramic Tile & Refractory Manufacturers，从 2007 年起更名为意大利陶瓷工业协会 Italian Confindustria Ceramica)创立了统一的区域品牌商标——意大利瓷砖(Ceramic Tiles of Italy，简称 CTI)。这个商标结合了意大利的国家名称与本国的瓷砖产业名称，向国外的消费者传达“意大利制造　品质保证”的信息，形成巨大的国家品牌伞效应。在国家品牌伞下，意大利国家自身作为一种品牌对本国瓷砖企业的产品及其品牌产生强大的庇护和提携作用，赋予这些企业产品和品牌可识别性和差异性，以区别于其他国家生产的瓷砖，促进了它们在国际市场上的销售。可以说，作为意大利瓷砖产业的区域品牌标识，该商标对区域品牌伞下的瓷砖企业和产品的作用比原产国效应更强大，特别是在全球营销的条件下，某一品牌的产品原产国已很难识别，但作为无形资产的区域品牌，却可以相对容易地用来识别其所属公司或所属国家。

从品牌、商标、法律意义上保护意大利瓷砖的区域品牌，并在全球范围内提高 CTI 商标的知名度和美誉度，是意大利陶瓷工业协会的重要任务。

一方面，意大利陶瓷工业协会十分重视 CTI 商标的使用管理，通过制定或修订行业标准、CTI 商标的使用章程和规定监督意大利瓷砖企业在经营过程中遵守区域品牌的管理规定，维护区域内瓷砖行业和企业的利益，获得 CTI 区域品牌使用权的意大利瓷砖企业都要满足高标准。设在波罗尼亚的意大利陶瓷工业研究试验中心（陶瓷中心）是意大利陶瓷行业的权威单位，该陶瓷中心由意大利陶瓷工业协会与波罗尼亚大学、陶瓷和摩擦材料协会、粘土协会、制造业协会、手工艺联盟、国家陶瓷和硅酸盐院以及商会共同组成。该陶瓷中心的主要职能是新技术的研发和技术服务，还设置专门部门对瓷砖产品进行质量检测和认证，负责回应产品出现的质量问题。只有通过该中心检测的意大利瓷砖企业才获准在出口到国际市场上时打上 CTI 区域品牌商标，以确保 CTI 的含金量和权威性。

另一方面，意大利陶瓷工业协会通过声势强大的系列广告活动推广 CTI 商标，CTI 的广告在专业的建筑、贸易和装饰设计等国际杂志上频频亮相（见图 2），CTI 的广告不停地推陈出新。2009 年，意大利陶瓷工业协会推出全新的 CTI 广告（见图 3），宣传意大利瓷砖是绿色的和对环境友好的可持续产品。在意大利陶瓷工业协会举办及参与的所有活动中，随时随地都可以看到 CTI 这一商标，意大利瓷砖总是成为注意的中心。意大利陶瓷工业协会还建立了一个面向全球的 CTI 官方网站。在该网站上，你可以查询到所有的 CTI 商标推广项目和广告以及获准使用 CTI 商标的意大利瓷砖企业的相关信息。同时，意大利对外贸易委员会和意大利陶瓷工业协会合作出版《意大利瓷砖购买指南》，购买指南中列出领先的意大利瓷砖生产企业以及它们的电子邮件地址和网站网址，该购买指南已经发布了第八版。

图 1　意大利瓷砖产业的区域品牌商标

图 2　刊登 CTI 广告的部分杂志

图 3　CTI2009 年推出的全新广告

可以说，意大利瓷砖这一国家品牌伞营销策略使得该国瓷砖企业的名牌效应和 CTI 区域品牌的号召力相得益彰，作为品牌载体，意大利为区域内的瓷砖品牌进入国际市场提供原产国的佐证，再度强化了对消费者先前的承诺，与消费者建立起可持续的、可信任的品牌关联。30多年来，依赖其在各大洲建立起来的牢固品牌形象，CTI商标引领意大利瓷砖到世界各地，帮助意大利瓷砖成为世界知名品牌。

2.2 举办并参加世界顶级的展览会

意大利瓷砖企业多为中小企业，其财力和物力均有限，很难独自承担向国际市场促销的巨额广告费用，因此，为了宣传意大利瓷砖企业的品牌和产品、加强技术交流与合作以及推动出口，意大利从1983年起于每年秋季在意大利的博罗尼亚市隆重举办陶瓷产品展(Cersaie)。

现在，该展览会已经成为世界陶瓷业规模最大、档次最高的展览会，能为超过1 000家业内公司及技术研究机构提供产品展示、技术交流及贸易洽谈的场所，吸引了世界各地陶瓷厂家的关注与追捧。2009年该展会的展出总面积达156 000平方米，有超过100 000名专业观众前来领略展会中出现的新潮流趋势、产品技术的革新。每年的盛会，众多的意大利陶瓷企业都会聚一堂，用超前的设计、绚丽的色彩、巧妙的搭配引领陶瓷界的最新潮流。每当它们以奢华典雅的艺术面貌展现在消费者面前时，带来的往往是世界瓷砖界的新时尚。

意大利博洛尼亚陶瓷产品展不是由展览会场地所有者自己举办的，它由意大利博洛尼亚展览公司的专业人员与意大利陶瓷工业协会联合主办。这个展会拥有先进的、配置合理的展览设施，提供优质的服务及管理，极具创新性和专业性。除了与陶瓷相关的产品展示，该展览会还举办一些与主题有关的极富吸引力的活动、产品专题讨论会和技术会，反映了世界建筑卫生陶瓷产品的最高水平以及流行时尚和发展趋势。因此，博罗尼亚陶瓷展览会已成为意大利瓷砖对外展示的窗口,是意大利瓷砖企业的主要促销工具和向国际市场开放的有效途径。

意大利陶瓷工业协会还负责组织意大利瓷砖企业参与其他全球重要的瓷砖专业性展览会及大型综合性的展览会,包括意大利里米尼陶瓷技术展(Tecnargilla)、美国芝加哥/奥兰多国际石材及瓷砖博览会(Coverings)、俄罗斯莫斯科建材展(Mosbuild)及世界博览会,在这些世界著名的展览会上,都可以看到CTI这一区域品牌商标的身影。2005年,意大利瓷砖在日本爱知县举行的世界博览会再次成为关注的焦点。在意大利的展区,来自意大利瓷砖之乡艾米利亚—罗马涅区的瓷砖是世界瓷砖界的唯一代表,引来无数关注的目光,参观人数突破1 800万。

可以说,不管是举办世界顶级的专业性展会,还是参加世界各地的著名展会,意大利瓷砖企业都找到了展示自我、发展壮大的大型舞台和生存空间,不仅大大降低了促销费用,而且缩小了产品宣传的空间和时间。意大利瓷砖企业通过展会在国外市场上找到了销路,扩大了市场占有率,扩大了品牌在国际市场上的知名度和信任度,有效地促进了企业的发展和产品的开发。

2.3 推崇且擅长独具魅力的文化营销

科技发展迅速,一国或一地区产业的传统战略优势——自然资源、规模经济、资金与技术优势,由于相互间的差距逐步缩小而不再具有可持续的核心竞争优势;在产品、价格、渠道、促销等营销层面上的竞争,由于信息的畅通化,市场运作规范的建立与完善,使得相互间的模仿和借鉴的速度越来越快,想以此建立起长久的竞争优势越来越不可能。但有一个东西竞争国家或地区很难模仿,而且可以赋予产品以附加价值,那就是一个国家或地区所独有的文化。意大利的瓷砖产业正是利用文化创意营销策略,赋予瓷砖品牌和产品文化的品位与灵魂,从简单的卖产品向卖文化转变,从而使意大利瓷砖从众多重量级的国际竞争对手中脱颖而出，开辟出瓷砖业的蓝海。

意大利具有举世公认的艺术成果，自“文艺复兴”时期开始，一直是雕塑、绘画、音乐、设计等艺术领域思潮活跃的地区。基于深厚的美学积淀，同时源于其民族自身的艺术修养和艺术追求，意大利瓷砖企业都把意大利的文化基因作为品牌核心价值的出发点，从产品的设计到展示都有自己的文化沉淀。

在产品设计上，意大利瓷砖的色彩比较柔和，它不以金碧辉煌的气势来昭示其华贵的身价，却常采用意大利经典画作那样的低调色彩，以求在不经意间让你发现它的美丽。此外，意大利的一些瓷砖花片也很有特色，有意大利油画的味道。它们的色彩组合非常巧妙，各种色系的颜色和不同的图案拼接在一块，竟然也能展现出艺术的美感（见图 4 和图 5）。

受益于其在文化和艺术方面的巨大造诣，意大利涌现出了一批在建材设计方面颇有创意的艺术设计师。其中，意大利瓷砖设计师的艺术造诣更是首屈一指。早在 1976 年，意大利就率先推出设计瓷砖，足见意大利瓷砖产业对设计的高度认知。在意大利，瓷砖产业汇集了许多全球顶级设计师。不少瓷砖厂商，都会聘请专业的设计师，为其设计瓷砖的图案和款式，以确保瓷砖制品的艺术美。这些设计师非常看重本民族的文化精粹和传统手工艺，擅长把意大利人的浪漫情调和艺术传统融入瓷砖文化，针对不同室内空间推出不同品质的瓷砖。更重要的是，除了擅长在瓷砖作品中体现欧洲的文化内涵外，意大利人更能从人性化的角度出发，注重人本身的感受，以适应人们的情感需求。可以说，Design in Italy 已经成为意大利瓷砖的品牌优势，不断创新的设计使意大利的瓷砖产品在世界范围内赚取高额附加值。

最能代表意大利风格及产品质量并极富艺术创造力的典型品牌——蜜蜂瓷砖，从成立之初就致力于设计、开发，经常聘请世界著

图 4 意大利瓷砖设计中的文化因子

图 5　意大利瓷砖销售展示中的文化氛围

名的设计师作为主题设计顾问。这些设计师围绕着文化的核心价值为蜜蜂瓷砖设计出许多经典的系列产品：毕加索系列、古堡系列、岩石系列、水彩系列、苏拉系列、安特瑞斯系列、撒哈拉系列、四季系列等等(见图 6 到图 13)。蜜蜂瓷砖年销量已经连续 16 年稳居世界第一，被美国克林顿总统授予“千年艺术之灵魂”称号，这不能不归功于蜜蜂品牌富含文化底蕴的创意设计。

在不断追求设计创新的同时，意大利瓷砖也注重设计的传承。许多瓷砖企业父子相传，不仅追求设计的创新，更强调设计的传承。

Picasso.

Excalibur

Gallia

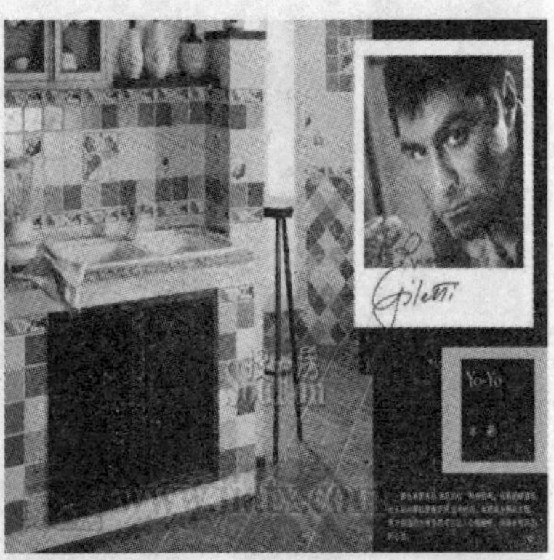
Yo-Yo

Sakura

Antares

图 6　意大利蜜蜂瓷砖系列设计

每个品牌都有完整、成熟的设计思想体系，例如，蜘蛛瓷砖体现古典高雅；赛维亚瓷砖迎合消费者对高品位生活的追求；埃米瓷砖追求自然的奢华；加德尼亚始终坚持宫廷华丽典雅的设计风格。

意大利瓷砖的文化创意营销策略正好顺应了消费者的心理。作为家居装修、装饰用品，瓷砖本身具有很强的文化性和艺术性。随着全球经济的迅猛发展，人类社会正步入文化消费时代，人们的审美观念和审美需求不断提高，对瓷砖的要求也不断提高。越来越多的消费者认为自己购买的不仅是产品，更是文化品位，体现了自己的良好修养。消费者希望自己有个性、有品位，希望得到人们的赞同和尊敬，满足自我实现的需要。基于这样的时代背景，文化创意营销在意大利瓷砖产业区域品牌营销中的地位变得越来越重要，成为意大利高端瓷砖产品附加值最重要的保证。

可见，区域品牌有无竞争力，能否成为名牌，并不主要取决于该区域内企业的技术和产品的差异，而在于其是否具有丰富的文化内涵，在产品的深处是否蕴涵着一种隐性的东西——文化。正是这种丰富的文化内涵，独特的精神享受和潜意识的身份象征，使得意大利瓷砖在全球各地拥有数量众多的拥趸。

2.4 策划并实施高品质的大型公关活动

意大利瓷砖主要针对高端市场，与主要竞争对手相比，能够为消费者提供更高质量的产品。对于一个更加强调质量而非价格的区域品牌来说，意大利瓷砖并不一味追求短期的既得的销售量，而注重通过精心策划的公共关系活动建立良好信誉和品牌形象，以向全球消费者提供购买的理由。在过去的 30 多年，为了提高意大利瓷砖区域品牌在全球的知名度和美誉度，意大利陶瓷工业协会在世界各地，尤其是意大利瓷砖工业最活跃的西欧、东欧、美国和澳大利亚等地区，策划并实施了大规模的公关活动，包括举办或赞助全球性设计大赛和设计师沙龙活动，成立或参加高层次的组织和学术论坛，策划或赞助知名城市的建设活动，策划并定期举办新闻发布会，接受媒体的采访等。

(1)举办或赞助全球性设计大赛、设计师沙龙活动。除了那些具有浓重商业气息的活动外，意大利陶瓷工业协会组织了许多针对建筑师和室内设计师的活动和比赛，比如设计师酒吧活动、设计师座谈会、设计师欧洲游、设计师艺术设计大赛、设计师高峰论坛等。其中，最著名的是由意大利陶瓷工业协会和意大利贸易委员会合办的意大利瓷砖空间设计大赛(见图 14)。各组优胜者可以获得5 000美元的奖金和加入一个顶级消费和设计新闻代表团访问世界最大的瓷砖和浴室家具展览——意大利博洛尼亚陶瓷展会 5 天。同时，意大利陶瓷协会将额外奖励中标的承办商和分销商团队1 000美元。至今，该项比赛已经进行 17 年，得到建筑师和设计师的认可，这些建筑设计师用意大利瓷砖出色地进行了住宅、商业和酒店的设计工作。官方标准的评审团包括：整体设计项目，创造性地使用瓷砖，瓷砖的设计，高品质的安装和程度，增强瓷砖的设置。

这些设计大赛以及设计师沙龙活动为开拓意大利瓷砖产业创意设计、挖掘产品的文化内涵提供最佳的交流平台，也为加强设计

图 7　2009 年意大利瓷砖空间展示设计竞赛

师与意大利瓷砖产业的合作与引来国际最前沿的品牌设计、文化和理念搭建了桥梁。通过这些针对设计师的公关活动，意大利瓷砖与许多设计师、知名装饰装饰公司建立了良好的关系，在设计师业内享有极高的声誉，成为家居装修时设计师首推的品牌。

(2)成立或参与高层次的组织及学术活动。1996 年，意大利陶瓷工业协会和西班牙陶瓷协会一起发起成立世界瓷砖论坛组织(The World Ceramic Tile Manufacturers Forum)，这是为各国的瓷砖制造商定期交换信息和讨论相互关心的行业议题而创办的全球瓷砖行业组织。

同时，意大利陶瓷工业协会还积极参与各种性质各种级别的学术活动。例如，在 2006 年 1 月 14—17 日，意大利瓷砖在德国汉诺威举行的 Contract World 展上设有一个学术性的展台。同年 6 月 8—10 日，在加利福尼亚的洛杉矶举行的 AIA Convention & Expo 展和 6 月 12—14 日在伊利诺斯的芝加哥举行的 NeoCon 展上也举办相关的学术论坛。在 2010 年上海世博盛会期间开幕，意大利瓷砖之乡艾米利亚—罗马涅区企业联合会联合同济大学举办意大利建筑研讨会，希望展现意大利当代经典设计和意大利设计工艺的精髓，其中第一场就是主题为“意大利瓷砖与绿色设计”的设计论坛。

这些学术论坛实质上是意大利陶瓷工业协会带领众多知名品牌寻求设计和代理合作的公关活动，既直接引起公众关注，形成有利于意大利瓷砖区域品牌的媒体倾向和社会舆论，又向那些具有影响力的舆论领袖提供有价值的信息，再通过他们的示范引导大众。

(3)策划或赞助知名城市的建设活动。1995 年，日本城市神户发生阪神大地震，意大利陶瓷工业协会参与该市的重建工作，在该城市的中心建造了一个名为 Piazza Italia 的广场，旨在创造一个象征意大利文化和缅怀新近历史的空间。该广场完全由意大利公司来设计和建造，铺设的所有瓷砖由艾米利亚—罗马涅区捐赠。2005 年，该广场竣工，意大利陶瓷工业协会举行名为 Rising Sun(冉冉升起的太阳)的广场启动仪式，这可以被看作意大利瓷砖工业这座矗立在广场上的永恒的丰碑的加冕仪式。为了宣传意大利瓷砖，启动仪式上还召开新闻发布会及题为“意大利瓷砖的创造力”的研讨会。

(4)策划并定期举办新闻发布会，接受媒体的采访。意大利瓷砖非常注重保持与媒体的良好关系和互动，每举办一个活动，都会举办新闻发布会，接受媒体记者的访问。在 CTI 官方网站上，可以看到媒体对意大利瓷砖区域品牌及其相关活动的报道，甚至可以下载报道的视频和音频文件。在每届的博洛尼亚陶瓷产品展，意大利陶瓷工业协会都会和意大利对外贸易协会合作，举办意大利瓷砖国际新闻发布会，组织记者代表团，向全世界最重要的工作室的建筑师和建筑设计师进行宣传。该国际新闻发布会一般在展览会的开幕当天举行，对于参加意大利陶瓷卫浴博览会的外国媒体以及国外代表团成员来说，这都是一个焦点时刻。

可以说，由意大利陶瓷工业协会主导的这些公关活动已经成为展示意大利瓷砖区域品牌形象的平台，在有效提升 CTI 商标的知名度、美誉度，为瓷砖企业创造品牌价值方面功不可没，从不同程度上促进意大利瓷砖在国际市场的销售。

除了上述区域品牌营销策略，值得一提的是，为了促进意大利瓷砖在北美市场的销售，意大利陶瓷工业协会于 90 年代初在北美设立北美经销商奖。由意大利陶瓷工业协会的董事会成员组成监督委员会，对该奖项进行评定。考虑的因素包括：由参评公司陈述所得票数;与意大利瓷砖生产商的商业关系中的公平贸易;作为意大利瓷砖的进口商和分销商的能力和技巧;对意大利瓷砖的独特审美和技术素质偏爱以及良好的展示厅和企业形象。2005年该奖项由美国第三大建筑材料采购商Emser获得。

3 小结

在集群网络中,做好企业个体的品牌固然重要,但更重要的是宣传和推广集群整体的区域品牌。区域品牌是继土地、技术、资金、人力资源之后可资利用的独特发展资源(蒋廉雄、朱辉煌和卢泰宏,2005)。但是,对于一国或一地区的集群产业,将全部能量用于提高区域品牌价值,发挥区域品牌伞对伞下品牌和产品的庇护和提携作用,从众多的其他区域内同业集群产业中脱颖而出,从而避免恶性竞争,是最难的环节。在这一点上,意大利瓷砖产业通过创立并推广统一的区域品牌商标、举办并参加世界顶级的展会、推崇并擅长独具魅力的文化营销以及策划并实施高品质的大型公关活动等区域品牌的全球营销策略,为本国瓷砖产品和品牌撑起一把巨大的区域产业品牌伞,帮助本国瓷砖企业成功地走向国际市场。

参考文献

〔1〕CTI,The Industry——Italy's leadership position in the world market. Ceramic Tiles of Italy 官方网站,见:http://www.italiatiles.com/cti%5CArticoli.nsf/VSNWA1/C6D6A24BD374C092C1256AC6004BE179,2010-09-14. Italian tiles production and export survey

〔2〕蒋廉雄、朱辉煌、卢泰宏,区域竞争的新战略:基于协同的区域品牌资产构建[J],中国软科学,2005,(11),P107～116.

〔3〕孙艳、许媛媛,基于网络结构视角的意大利和佛山陶瓷产业集群的比较研究[J],特区经济,2009,(4),P268～270.

〔4〕杨凤,意大利瓷砖生产及出口概况[J],广东建材,2002,(1),P49.

〔5〕俞康泰,意大利的设计和西班牙的色彩——2005 年意大利博罗尼亚陶瓷展观后感[J],陶瓷,2006,(2),P45～47.

（本案例由厦门大学广告系研究生张芝云撰写）

十二、温州鞋业涅槃腾飞

相传，西方古国有一种不死鸟，名菲尼克司，满 500 岁后，集香木自焚，复从死灰中更生，鲜美异常，便不再死。在中国，此鸟名叫凤凰。郭沫若以著名诗歌《凤凰涅槃》再现了凤凰自焚再生的壮美历程。

温州鞋业的兴衰史，俨然就是一个凤凰涅槃的故事。这二十年间，温州是如何实现凤凰涅槃、浴火重生的呢？

1 焚烧

制鞋是温州的传统行业，有 800 多年的历史，在我国古代，温州就以制鞋而闻名。上世纪 20 年代，温州已经形成手工鞋革业的完整体系，出现制革街、皮革鞋街和皮件街。30 年代初期，温州鞋革产品已遍及国内，并与新加坡、菲律宾、印尼等东南亚国家建立制革贸易关系。温州鞋革行业在建国后获得进一步发展，曾获得过众多的全国第一：第一双猪皮鞋、第一双硫化皮鞋、第一双压模皮鞋都诞生在温州。①

80 年代末至 90 年代中后期，是温州鞋业产业集群迅速成长时期。那是一个短缺年代，温州鞋以低廉的价格赢得了百姓的心。于

---

① 中国四大制鞋产业集群解析，http://www.shoes.net.cn/special/zxzht/zgzxcyjdfx/。

是，温州老鞋匠的下一代就走南闯北推销自己的产品，温州皮鞋渐渐走向全国。在外部市场需求过盛而供给相对不足的时代，温州鞋以价格低廉和款式新颖两大特色很快行销全国市场，1987 年产量达 2 400万双，占全国 10%。但随着集群内部同业竞争的日趋白热化，再加上缺少行业规范以及某些商人的急功近利，一些劣质的三无皮鞋流向全国，遭到国内媒介的频频曝光，纸板鞋、一日鞋、晨昏鞋的帽子一顶顶飞来。温州鞋一时间成为劣质鞋的代名词。

更令温州人揪心的是发生在杭州武林广场的一幕：1987 年 8 月 8 日，工商管理部门在杭州武林门烧毁了5 000多双温州劣质鞋，这把火从杭州燃起，一直烧到南京、武汉、长沙、株洲……同时引发了全国其他地方围剿温州鞋。从此，温州鞋被烧得声名狼藉，元气大伤。产品大量积压，一大批小作坊倒闭。温州皮鞋，生死攸关。

图 1　火烧温州鞋

2　重生

这把大火，使温州人有了切肤之痛，也烧醒了温州人的质量意

图 2　温州鞋凤凰涅槃

识。集群内的一批具有长远目光和创新精神的企业在焚烧后开始重塑温州品牌。经过 10 多年的不懈努力，集群内相继产生康奈、奥康、红蜻蜓、吉尔达、东艺等国家级名牌为代表的名牌群体。名牌产品的聚集效应有力地促进了同业企业间的协作与竞争，同时，其外部效应大大提高了该产业的行业知名度与市场竞争力（孙丽辉，2009）。由此，促使温州产业集群迈入一个新的发展阶段，同时也为温州鞋业区域名牌的形成奠定产业基础。

在温州实现浴火重生的过程中，大大小小的商会协会和政府都起到不可忽视的作用。从协会方面来看，杭州武林门火烧温州鞋的第二年，1988 年 6 月中国第一个地方民间行业协会——温州市鹿城鞋业协会在温州鞋业处于水深火热之时宣告成立，370 多名鞋厂厂长联合发出质量倡议宣言：凡我鞋业同仁，都要以鞋城声誉为重，讲究皮鞋质量，不赚昧心钱。此后，温州市许多有远见的企业在政府的支持下自发地组建民间行业商会和协会，力求通过商（协）会对所属会员企业在质量管理上形成有效约束，改变温州产品在人们心中的形象。

政府在这一阶段中更起到关键作用，主要体现在，通过推进一系列质量规范、监管措施，使集群产品质量的总体水平迈上一个新的台阶；为民间企业合法经营地位的确立及产业集群的行为提供政策许可和制度保障，引导集群内优势企业走上自主创牌之路；通过积极开展区域营销，重塑并提升温州鞋业的整体品牌形象，为区域品牌的创建奠定坚实的基础。1994 年，针对集群内出现的质量危机，温州市委、市政府决定开展第二次创业活动，在全国首先提出实施质量立市战略，颁布《质量立市实施办法》。《实施办法》规定：凡是因为质量问题吊销营业执照的，要将企业负责人的身份证号码连同照片通报全市有关部门，5 年之内不准其在温州市申办企业。政府还成立鞋业质量管理整顿小组，办事机构设在鞋业协会，他们在 104 国道收费站设卡检查，凡运出温州的皮鞋，必须由鞋业协会盖上整顿小组的公章；1996 年，温州市提出名牌兴业战略，引导企业走名牌兴业道路，就在该年，温州市政府、协会与展览公司联合举办了首届温州国际鞋革展，从此每年一届，成为国内外同行业具有相当影响的国际性展会。

政府推出的系列切实有效的措施，有力地遏制了假冒伪劣温州鞋的生产和蔓延，引导更多企业走上自主创牌的道路，推动温州鞋业品牌从衰败走向新生。

3 腾飞

在烈火中获得重生的温州皮鞋，就是一只涅槃的凤凰。

19 世纪末至 20 世纪初，是温州鞋业集群区域名牌形成、区域竞争力提升、区域产业优势与品牌优势突显的时期。有4 000多家制鞋企业集聚在温州，温州鞋业形成大、中、小企业共存，高、中、低档产品共生，拥有层次分明、优势互补的梯队，并且形成以少数大企业构成区域集聚的主体，多数中小企业依靠大企业辐射生存和发展的良好竞争态势（夏曾玉　谢健，2003）。在领头羊康奈、奥康等龙头制鞋企业的带领下，形成强大的区域品牌联合舰队，建立较完善的品牌金字塔层级支撑体系。集群内大批名牌企业的集聚，形成强大的行业和产业优势，使该产业区域成为鞋业名牌生产地的象征，为以集群所在地地名为品牌名称的区域品牌的构建奠定雄厚的基础。2001 年 9 月，中国轻工业联合会、中国皮革工业协会授予温州市中国鞋都荣誉称号，并于 2006 年复评后再次被确认。2008 年申报的温州（国际）鞋都被评为浙江区域名牌。区域品牌的形成为区域内所有企业创造出共享的无形资产，大大提高了温州鞋业区域的整体形象，使温州皮鞋产品在市场竞争中呈现出明显的竞争优势，带动了区域经济的快速成长。

图 3　温州鞋踏入品牌殿堂

地方政府是区域品牌管理与营销的最主要推动者，地方政府创建区域品牌的主观偏好、政策导向和执政效能等构成的区域制度环境直接而深刻地影响区域品牌的形成以及区域品牌演进的方向、速度及可持续发展水平（孙丽辉，2009）。在温州鞋业集群相对成熟的阶段，基于区域良好的产业优势、环境优势和名牌聚集优势所产生的公共效应，政府的政策重点便放在及时整合区域品牌资源，引导集群创立区域名牌，提升集群区域的整体形象上。其次是引导广大企业采用国外先进标准和国际标准，加强与国际知名企业的品牌与技术合作，努力向国际性品牌进军。比如从 2004 年开始，政府就主要围绕打造品牌温州战略，全力争创产业品牌、城市形象品牌、政府服务品牌和温州人品牌。2006 年，温州市政府将皮鞋行业作为市名牌培育、质量提升工作试点；2007 年，又将鞋革业列入改造提升的重点传统产业，以加快鞋革业升级换代，构筑以质取胜、以强取胜的新格局；2008 年，温州（国际）鞋都被评为浙江区域名牌，成为温州所有行业中首个获得区域名牌的行业，为此，温州市质量技术监督局制定了《温州（国际）鞋都浙江区域名牌推广使用和监督管理办法（试行）》，明确温州（国际）鞋都浙江区域名牌产品称号使用权归市鞋革行业协会所有，市质量技术监督局负责监督管理，规定了企业申报、使用和退出区域名牌的相关条件；2009 年，政府向温州市部分鞋企代表、行业协会代表积极推广使用温州（国际）鞋都浙江区域名牌，并提出，今后获得省级以上名牌产品称号的企业都将使用温州（国际）鞋都浙江区域名牌标识共同走向市场，对获得国家级和省级区域品牌的创建单位，将分别给予一次性奖励 50 万元和 10 万元。这一系列措施再一次加快了温州鞋业区域名牌的创建速度。

从假冒伪劣产品制造地变成中国鞋都的过程中，温州鞋业协会也功不可没。目前，温州鞋业协会共有 26 个分会，会员企业达1 000 多家。温州鞋业协会一直大力宣传温州鞋业质量整顿的成果，展示优质皮鞋；积极帮助企业争取优惠政策，及时反映会员单位的困难和呼声，维护会员单位的合法权益；协会还积极引进先进技术；积极组织制鞋企业到美国、意大利、韩国等国考察参展，或是邀请制鞋和鞋机的中外知名专家到温州交流和指导；为提高企业的设计能力，协会与国家制鞋研究所、北京皮革学校联合举办培训班，推动温州鞋革产品更新换代和提高档次。随着市场竞争的驱动，今天温州的鞋业协会已成为引导企业从自发创立品牌到自觉塑造区域品牌、维护品牌集群的重要力量。各类协会今后在避免恶性竞争、反倾销以及信息传播等方面还会发挥不可替代的作用。

如今，温州鞋业以极具特色的连锁专卖、特色市场为主线，通过小商品、大市场的形式，构筑了遍布国内外市场的营销网络。温州鞋革行业将以市政府拓市场，保增长活动为契机，借助展会的平台，发挥行业龙头企业的优势，积极推动企业走出去，抱团开拓国内外新兴市场，提升区域竞争力，与国际大品牌在同一舞台上竞争。越来越多的温州鞋企加快融入国际产业链，以各种方式强筋壮骨。2001 年，康奈将第一家海外专卖店开到巴黎，在全国同行业中迈出“品牌输出”的第一步。目前，康奈在海外的专卖店达到 120 家，其皮鞋的平均售价为 70 欧元，康奈品牌已经跻身境外主流商圈。奥康 2007 年 6 月也开始启动全球营销战略，同时在美国、印度等开设公司，全部聘用当地人员开展工作，由此铺开海外本土化扩张蓝图。2007 年，东艺鞋业公司开始在俄罗斯生产，建立自己的销售公司和专卖网络，这大提高了温州鞋的美誉度和知名度。

4 结语

经过 20 年的风雨沧桑和市场洗礼，温州鞋脱胎换骨地获得新生。如今的温州鞋业已呈现出百花齐放春满园的景象，共有 5 个中国名牌 19 件中国驰名商标、2 个全国质量奖、26 个浙江省名牌产品和 31 件浙江著名商标。有走国际化路线的奥康，有从机械化汲取养分的康奈，有打文化牌的红蜻蜓，更有善于营销的吉尔达，奥康、红蜻蜓、吉尔达、东艺、多尔康这五家企业从全国两万多家制鞋企业中脱颖而出，一举拿下十大中国真皮鞋王中的 5 席，此外，飞鸵、杰豪、澳伦、惠特和邦赛等 5 个温州鞋业品牌，以及温州企业家在青田创办的意尔康，成为新一届 14 个全国真皮名鞋的最大集群。它们正源源不断地从自身发掘潜力，为单一品牌振兴向带动区域品牌升级聚合能量。

从单纯的数量经济跨越到质量经济，再到品牌经济，20 年间，温州先后经历了质量立市、名牌兴业、信用温州、品牌强市 4 次战略变革，每一次变革都离不开政府的强大推动力和行业协会的积极配合。所以，在今后的发展中，首先还应加强政府的指导和推动作用，并使政府在区域品牌发展的不同阶段发挥出不同的角色和职能，其次要继续发挥行业协会的纽带功能，提升行业组织与政府的合作与互动，最终实现区域品牌形象的提升和集群本身的可持续发展。

参考文献

〔1〕孙丽辉，区域品牌形成中的地方政府作用研究——基于温州鞋业集群品牌的个案分析[J]，当代经济研究，2009，(1)，P12～15.

〔2〕夏曾玉、谢健，区域品牌建设探讨——温州案例研究[J]，中国工业经济，2003，(10).

（本案例由厦门大学广告系研究生吕娇燕撰写）

十三、晋江运动鞋的崛起与瓶颈

1 引言

晋江地处福建东南沿海，作为海西前沿地带面向台湾，在地缘上有着独特的优势，同时又是全国著名的侨乡，也是世界最大的制鞋工业基地和旅游运动鞋生产基地。2001 年，晋江被中国皮革和制鞋工业研究院等 4 家机构联合命名为“中国鞋都”。

晋江的制鞋业是晋江经济的支柱产业、优势产业。从 20 世纪 80 年代初开始发展，经历了从小到大、从传统家庭作坊向现代化企业发展的艰难创业过程。20 多年后的今天，全市鞋业生产经营企业 3 000多家，从业人员超过 35 万人，年产量超 7 亿双，年产值超 180 亿元，产品 60%出口，远销世界 80 多个国家和地区。目前，晋江鞋业拥有 12 家上市公司和 26 家上市后备企业，聘请的影视、体育明星代言人多达 70 多位，仅在中国央视的年广告费投入近 10 亿元人民币。全市鞋业企业累计拥有 31 枚中国驰名商标、9 件中国名牌产品、36 件国家免检产品，国字号品牌总数占全国运动鞋行业的一半以上。晋江毫无悬念地为全国最具规模、最集中的制鞋基地，敢拼敢闯的晋江人正用自己的智慧打造中国鞋业强市。

体育用品产业是国内市场的朝阳产业，市场的空间很大。到目前为止，晋江鞋的整体生产规模还在持续扩大；部分晋江鞋品牌已经在国内市场站稳脚跟，并拥有一定的品牌知名度，品牌带动晋江企业向更宽泛的体育用品领域扩张；市场环境的不成熟，数以百计的国际品牌在晋江出现，许多鞋企在寻找新的利润源。

然而，面对晋江运动鞋的蓬勃发展，还应看到这繁荣背后的潜在威胁。过度的同质化竞争导致区域内品牌的相互蚕食，晋江本身的文化局限导致其产品长期背负“山寨”的骂名，家族企业的管理模式不利于现代企业的发展，独有的地域文化造就了竞相模仿、攀比的造牌之风。因此，在建立晋江区域品牌的同时，仍需深刻思考其背后的各种因素，不可操之过急。

2　晋江运动鞋区域品牌的崛起

2.1　OEM 的代工模式

改革开放后，南洋华侨大规模回流，晋江开始进行商业尝试。初期的 OEM 贴牌生产模式让晋江尝到甜头，一户一户带一村，一村

图 1　2008 年安踏广告

带一镇，到90年代中后期，开展来料加工、来样加工、来件配套和补偿贸易的发展模式在当地已经成为普遍现象，被称作“晋江模式”。[①] 这时的晋江很简单，大多在做外销的加工，或是对部分国内品牌进行加工。产品开发设计上缺乏核心竞争力，又缺乏自主品牌和销售渠道，获取的是全球价值链上低附加值部分的利润。

然而，经过多年的OEM（委托加工）和贴牌生产，晋江鞋企积累了丰富的制鞋经验，完成企业的原始资本积累。制鞋业的长期发展，使晋江形成完整配套的产业链。从鞋的配件、鞋楦、鞋底、鞋跟、鞋衬、轻泡、炼胶、吹塑到纸盒、包装盒等均由专业厂家生产，形成社会化分工、自主配套的一条龙生产协作群体。鞋业的发展也带动鞋材市场的发展，晋江陈埭鞋材市场闻名全国，是华东地区规模最大的鞋材市场之一，年交易额超20亿元，市场交易以鞋材批发、鞋类机械为主。国内外著名鞋机、鞋材厂商纷纷到晋江落户，为本地制鞋企业带来最新的材料、技术和信息，有力地推动晋江鞋业的发展。晋江安海制革业也迅猛发展，成为福建省最大的制革基地和集控区，蜚声海内外。

图2　安踏代言人孔令辉

庞大的制鞋产业集群使得晋江蜚声海内，运动服装和运动鞋产

① 汪俞佳，鞋都晋江：用品牌扛起制鞋业的大旗[DB/OL]. http://info.shoes.hc360.com/2010/09/130918195714-2.shtml，2010-09-13.

品形成完备的上下游产业链，晋江地域和几乎零物流成本的优势，吸引大批厂商前来进驻。此时的晋江运动鞋多停留在 B-B 的经营阶段，并不直面终端市场，无法洞察消费者和市场风向。外资品牌在国内运动市场上大行其道，晋江企业日益感到贴牌生产所带来的微薄利润已无法满足企业急需发展的需要，品牌之战势在必行。

2.2 造牌运动

说起温州模式，人们喜欢议论他们独到的资本策略，而晋江，则是用品牌扛起大旗，其品牌的光芒几乎掩盖了城市本身。

晋江运动鞋的龙头老大安踏率先扛起这面大旗。1999 年，安踏决定效仿耐克、阿迪达斯那样获取名人效应，利用消费者对运动明星的喜好，吸引体育迷那般忠诚的顾客。在各大赛事上表现卓越的孔令辉进入安踏的视角，众多金牌加身的他成为安踏运动鞋的形象代言人。一时间，“我选择，我喜欢”的广告词红遍大江南北。这句话看似普通却迎合了众多消费者表达自我的情感需要，不仅为安踏赢得了不同阶层消费者的好感，也使得安踏运动鞋的亲和力、影响力和品牌知名度得到空前提升。短短一两年，安踏从一个不知名的品牌一下子窜跃到中国运动鞋的第一品牌，市场占有率达到 13.4%。

安踏的成功，验证了世界著名的品牌专家 LarryLight 说过的那句话：唯一拥有市场的途径是拥有市场优势的品牌。安踏的成功带动了晋江鞋业的品牌革命，掀起一场狂飚般的造牌运动。

榜样的力量是无穷的，安踏的成功引来其他企业的效仿。2000—2001 年两年间，除安踏外，先后有别克、特步、国辉、CBA、喜德龙、爱乐、恩东、爱奇、贵人鸟等 30 多个晋江鞋业品牌在 CCTV-1 和 CCTV-5 亮相。据统计，其间晋江鞋广告在央视的播出费总量每年超过两亿元人民币。各种运动鞋的形象代言人则是星光灿烂、辉耀九州。安踏请了孔令辉后，金莱克立马邀请王楠加盟，喜德龙则干脆请蔡振华出山，别克则斥资500万邀请包括李永波在内的中国羽毛球队员为形象代言人。这些运动明星身上凝聚了活力、声望、高超的竞技水平和令人振奋的体育精神，无疑也极大地提高了晋江运动鞋的知名度，拉近了晋江运动鞋品牌和消费者的距离，使晋江运动鞋成为消费者的最爱，一举获得国内市场占有率、竞争力、影响力三项第一。① 晋江广告军团的涌现，占据了CCTV-5的黄金时段，该频道被人笑称为晋江频道。广告的高曝光率吸引了众多媒体的关注，各品牌之间宣传竞争日趋白热化。当然，我们也要看到品牌的魅力使得晋江逐渐摆脱当初依靠OEM以及贴牌生产的低盈利模式，对于企业向现代化转型有着重要意义。

在如此强劲的广告攻势下，晋江运动鞋想不出名都难。一时涌起的广告军团不仅为各大品牌得到了媒体等多方关注，晋江也因此一炮而红。中国鞋都、品牌之都的称号接踵而来，由此可见，这种规模化效应的确为打响区域知名度带来了好处。

2.3 政府主导鞋博会

做大做强了的晋江鞋业还不满足，为了加强海内外鞋业界的经济技术交流与合作，在晋江形成全国性鞋成品、鞋材、鞋机及鞋相关产品的交易市场，促进中国制鞋业持续健康发展，晋江还自己举办国际鞋业博览会。创办于1999年的晋江鞋博会，经过12年，发展成为鞋业行业的风向标，被业界评为中国十大魅力展会之一。晋江鞋博会的理想是打造中国的杜塞尔多夫。德国的杜塞尔多夫专业鞋展，是一个连耐克、阿迪达斯等国际一流品牌都会参展的专业展览会，晋江鞋博会的努力方向也是国际化的大型专业展会。为此，晋江政府一直在进行两项工作：吸引国际鞋类品牌到会参展；争取中

---

① 晋江鞋业的造牌运动[DB/OL]. http://www.cnjjshoes.com/news.asp? id=110，2003-04-01。

图 3 晋江鞋博会

国鞋王都在鞋博会上亮相。随着展会越办越成熟,参展的国际客商越来越多,也有部分中国鞋王来参展,如青岛双星。

作为权威性的行业展会,晋江鞋博会对各大品牌的成长也发挥了巨大的作用。每年都有数百家晋江鞋企参展,鞋博会既成为晋江鞋企同场竞技的舞台,也成为品牌招商的会客室。2008 年鞋博会期间还举行德尔惠杯 DIY 创意设计比赛,弘扬晋江鞋文化,帮助晋江从创意缺失的现状中走出,促进鞋业产业链发展。鞋博会的开展不仅为企业起到了招商的作用,更是带领市场认识晋江品牌的重要步骤,功不可没。此外,首届海峡两岸文化创意产业(晋江)研讨会、海峡两岸紧密经贸关系(晋江)论坛、2010 年中国体育用品标准化论坛、邮通天下——电子商务物流论坛以及第三届运动鞋在线创意设计竞赛等活动轮番上演,鞋博会再次为海内外鞋企提供了展示实力、捕捉商机、互利共赢的商贸平台。①

晋江市政府在向往推广鞋博会拓展订单的同时并未忽视对晋

① 第十二届晋江“鞋博会”闭幕 合同交易额 64.3 亿元[DB/OL]. http://www.chinanews.com.cn/cj/cj-gncj/news/2010/04-22/2243026.shtml,2010-04-22。

江整体形象的创建，通过开展各种创意研讨会、经贸论坛来为晋江打造声势，从制造到创造，培植起晋江的核心竞争力。

2.4 借力体育赛事

2008年奥运会主办权花落北京，极大地激发了晋江鞋业挺进奥运的热情。以安踏为首的奥运励志广告开启了赞助之门，笼络人心，展示民族情结。大家一定不会忘记应景而生的加油中国！这一组广告，从影视到平面，制作精良，场面大气，振奋人心。此外，安踏还赞助多个国家专业队，例如全国大学生篮球联赛的所有装备以及男女排球联赛、甲A联赛等等。甚至，在建国60周年阅兵式上，在体育发展方阵上的刘翔、杨扬等体育明星都身着安踏运动服，包括花车上的李宁。

即将开幕的2010广州亚运会也选定361°作为其高级合作伙伴。与此同时，361°还宣布将联合亚奥理事会、广州亚组委、中国服装协会、国际知名设计师团队KDU（Keystone Design Union）在2010年正式启动361°亚运装备设计大赛。

在晋江市政府的政策扶持下，晋江品牌大举进军国内外市场，凭借体育赛事的高出镜率，晋江各大品牌知名度一炮打响，为企业带来了丰厚的利润的同时，吸引了众多眼球关注晋江。

2.5 打造海外声誉

晋江制鞋业的产业外向特色鲜明。晋江鞋业以合资和外商投资为主要的所有制形式，分别占所有企业数的48.78%和41.46%。企业产品主要面向国际市场销往东欧、中东、南美、北非等，一些中高档产品已进入北美、西欧等市场。2002年11月，在匈牙利亚洲中心设立的中国鞋都晋江街已有安踏、寰球、爱乐、别克、恒强等知名品牌入驻。除此之外，晋江鞋业在积极应对国内剧烈竞争的同时，还大力拓展国际市场，企业不再单纯依赖国外代理商，而是主动参加德国、美国、匈牙利等国举办的国际鞋展，有的还到国外召开订货会。

晋江鞋企在国内建立营销专卖销售网，在国外不再依赖代理商而直接设立商务机构。据不完全统计，目前，全市已有30多家企业在菲律宾、美国、俄罗斯等20多个国家设立100多个商务机构。安踏的名气在中东一带很响亮，该公司还在新加坡、俄罗斯等地设立专卖店。福联、佳信、恒人等鞋企也相继与沃尔玛等世界著名跨国零售商和知名品牌联姻。2004年，晋江旅游鞋占全国市场的40%，国际市场的20%。①

此外，晋江市政府狠抓质量的政策保证了鞋类晋江出品的品质，不同于温州假冒伪劣的负面印象，晋江运动鞋以其过硬的质量打开了销路，并在市场上占有一席之地。从OEM代工的小作坊到今天的各大鞋厂，晋江运动鞋逐渐开辟出自己的天地，从耐克、阿迪达斯占据的运动鞋市场里分到一杯羹。

3 晋江运动鞋区域品牌的发展瓶颈

3.1 体育品牌的同质化竞争

在轰轰烈烈的造牌运动背后，我们可以看到，晋江的大多数企业对品牌的重视程度远远高于对技术开发的重视，在技术投入方面的不足一定程度上导致了产品差异化不显著的事实。与各地传统制造业产业集群相比较，晋江鞋业企业间没有共同打造同一区域性品牌，而是各自塑造品牌。在这样的格局下，企业间的同质化竞争容易抵销广告的效果(张宇、蔡秀玲，2007)。

---

① 晋江打造中国鞋业强市[DB/OL]http://info.china.alibaba.com/news/detail/v3000103-d5499591.html，2008-10-23。

(1)产品本身的高相似度。众所周知,晋江以代工起家,整个晋江抄袭模仿比较严重,甚至严重到把模仿方的标志拿掉后,不同品牌的鞋子都一模一样。缺乏创新意识养成了他们为了设计而设计,每天单纯地运用各种技能,从左到右地搬运各种元素,盲目的组合,缺乏市场调查和个性特色的设计必然无法符合人们的需求。①

(2)品牌营销的雷同。目前为止,晋江鞋企主要生产专业运动和时尚型运动两种鞋子,专业型运动品牌以安踏为代表,时尚型运动以特步、德尔惠等品牌为主。相应的,一个启用体育明星为品牌代言人,另一个则启用当红影视明星为品牌代言人。然而二者并无严格的界限,而是采取“兼容并包”的万能策略,广告中的体育明星带着或多或少的时尚动感,而影视明星又呈现出献身运动的架势,各种功能沾点边导致定位模糊,着实让电视机前的消费者产生混乱。

在目前的情势下,广告各自为政的趋势还将持续一段时间。笔者梳理了部分晋江运动品牌的广告代言人和口号,以进行比较。

表 1　影视明星代言的运动鞋品牌

品牌名	代言人	Slogan
特步	谢霆锋	让运动与众不同 It's my way. 飞一般的感觉 你,就是主角。别让限制,限定你的斗志.别让看法,左右你的做法。
鸿星尔克	陈小春	To be No. 1 磨自己,就是谋胜利 率真自我 每个人都能成为第一,迈向第一 赢的动力,迈向第一 谁是下一个大师?

① 黄盈盈,晋江鞋企呼唤创意“DIY 创意设计比赛”为鞋业提供创新的平台[N].福建科技报,2008-04-22(A06)。

续表

品牌名	代言人	Slogan
贵人鸟	刘德华 张柏芝	敢想感动
康踏	李亚鹏	健康自己,健康中国
德尔惠	周杰伦	on the way 做自己的足球英雄,足球,有你才行(世界杯广告)

表 2　以体育明星代言的晋江运动鞋品牌

品牌名	代言人	Slogan
安踏	孔令辉	我选择,我喜欢 安踏,永不止步(Keep Moving)
喜德龙	蔡振华	超越他,超越我,超越梦,超越无止境
金莱克	王楠	信自己,信中国;找你自己的型(Find your own style) 凭实力铸金牌
别克	李永波以及中国羽毛球队	Dare to be 别克新一代,运动更精彩
美克	伏明霞	运动每时,快乐美克
恩东	王励勤	世界尺度,由你跨步,恩东汇聚,无可抗拒 中国恩东,迈向成功
阿迪王	国外篮球明星	一切皆可改变(创民族品牌,为民族增光)
富贵鸟	陈忠和	SOAR TO HIGHEST 穿出自我,活出新风范
乔丹	外籍篮球明星	酷战到底

续表

品牌名	代言人	Slogan
361度	中国国家垒球队	亚洲，多一度热爱勇敢做自己 不满足昨天的难度，不追随别人的速度，不满足昨天的难度，不甘于平凡的态度，有勇气就可以挑战每一度 光，为我而生。每个人都有权认为，世界是为自己创造的 想玩就要敢玩！ 地球充满 360°挑战，你需要 361°全能征服 从这一刻开始知道永远，我愿意多一度热爱 中国，勇敢做自己 有勇气，就可以挑战每一度
匹克	多位 NBA 球星	我相信，梦想不是空谈；我相信，付出必有回报；我相信，汗水能换来喝彩，I can play（我能，无限可能）
伊望奇	占旭刚	用实力创造
kappa	意大利国家足球队等著名足球队	时尚，不是秀，是一种持续的运动。运动不是竞赛，是一种持续的时尚。 We are one. 创新的野心谁敢阻止，突破的本性谁敢压抑

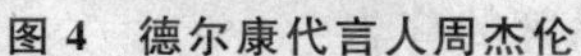
图 4　德尔康代言人周杰伦

图 5　鸿星尔克代言人陈小春

图 6　特步代言人潘玮柏.蔡依林

上述品牌代言人和口号惊人地相似——宣扬个性，不甘平凡，舍我其谁，努力做第一的霸气无处不在。近乎相似的口号和品牌精神，宏大的背景场面，相似的广告创意，雷同地打出明星牌，相近的表现手法，这就是晋江鞋广告最大的特点。在欣赏了数次广告画面的翻滚和数十个企业广告的摆擂台之后，观众无法记住被推荐的品牌，或把体育明星与其代言的鞋品牌确切地对号入座，甚至还将明星与品牌张冠李戴，品牌定位上的相互模仿造成现如今一发不可收拾的局面(周富春，2002)。而从 2010 年世界杯开始，晋江各大运动品牌的风向有了些许变化，开始打平民牌，逐渐往年轻态的路线发展，广告主角也由早先的明星阵营集体替换成动感活力的 90 后陌生面孔，通过同龄人的演绎抓住 90 后消费者的情感需要。这对已经打出名声的品牌来说，节约了邀请明星代言的成本，不失为经济的营销策略，但又一阵的跟风模仿势必引来另一场品牌厮杀。此处列举 2010 世界杯期间两家晋江鞋品牌的广告：

德尔惠“做自己的足球英雄”，一群青年分别在教室里、天安门等京味儿十足的地方展示运动技能。

鸿星尔克："是时候，向昨天 say goodbye/是时候，活出一个新的我/一分一秒，一点一滴，不只是身体/焕我精彩"，一对朝气蓬勃的少男少女开始生机活力的一天，助人为乐，健康向上。

在明星代言＋央视广告投放的风气过后，平民风的袭来让我们觉察到晋江品牌传播上细微的调整和变化，诚然，清新的广告确实能笼络更年轻的消费族群，但白热化竞争中盲目跟风的行为却并未能够通过大制作的广告"说出自己的风格"，区别于其他品牌。

匡威面对耐克、阿迪达斯的围剿，从中杀出自己的一片天空的营销策略，对晋江运动鞋品牌是一个很好的借鉴。倡导休闲涂鸦风格的匡威 all star 帆布鞋定位格调与其他两大品牌倡导专业运动精神的品牌定位完全迥异，带点嘻哈风的帆布鞋终于在市场上独树一帜，赢得了年轻鞋迷们的心（匡威于 2001 年宣布破产，2003 年被耐克以 3 亿 500 万美元收购，2004 年其经典款 all star 系列重出江湖，引领风潮）。事实告诉我们，互相重叠的市场区隔不仅抵销广告效果，模糊品牌定位，争夺同类消费者，更导致晋江品牌间的恶性竞争。

3.2　挥之不去的"山寨形象"

有着 OEM 历史的晋江长期以来在人们心中的印象就是"山寨鞋"的生产基地，虽然七匹狼、劲霸、361°等企业通过多种传播方式构建了相对富有内涵的品牌形象，但还是无法与国际一线品牌相比，只能占据国内二三线市场。有报道称，耐克、阿迪达斯一出新品样板鞋，晋江企业就会高价买来鞋款，召集各地经销商讨论哪种款式将会热销，一旦确定便进行规模生产。从产品到营销互相抄袭的行为，更使得晋江鞋落得"山寨鞋"的恶名。

与此同时，就晋江城市本身来说，既缺乏品牌力又缺乏科技力，更没有北京上海这样的国际大城市为品牌背书，在人们的印象里有可能产生较为负面的影响。急切地为刚走出的鞋品牌打上"晋江出身”未必是一件好事，笔者认为，通过对晋江城市形象的文化输出再结合各大运动鞋品牌的品牌影响力，循序渐进地让大众接纳晋江品牌，更为稳妥。

3.3 政府主导力有待加强

鞋博会的发展，开始出现一些微妙的变化，像喜得龙这样的企业，2004 年就不参加鞋博会。有关人士告诉记者，大多数的企业参加鞋博会，主要的目的还是招商，而当招商的需要满足后，企业就会开始转向其他方面。①

福建鞋业行业协会的会规里也仅仅提到区域内的良性竞争，反垄断，资源共享等产业集群方面的要求，并未提到如何推广区域品牌的措施，打造区域品牌的意识还比较弱，因此，政府的主导力还有待加强。

4 总结

晋江运动鞋品牌的诞生并非偶然，在长期的 OEM 运动鞋产业链引导下，各大企业意识到代工的微薄利润难以支持企业长足的发展，于是扛起品牌的大旗，与耐克、阿迪达斯等大品牌展开较量。随着央视广告的大举进攻，名人效应的持续发酵，以安踏为首的晋江运动鞋品牌崛起的趋势愈演愈烈，知名度大增；体育赛事上的频频亮相，提升了曝光率；晋江市政府主导的“鞋博会”同时也在不遗余力地为鞋企争取订单，打开国际销路。但我们也应当看到，轰轰烈烈的广告造势背后，晋江品牌面临着严重的同质化竞争，品牌定位模糊、广告风格雷同等不仅削减广告效果，更无法扩大市场。

---

① 刘鹤翔，晋江鞋“大洗牌”[DB/OL]. http://www.qzwb.com/gb/content/2004-04/19/content_1206383.htm，2004-04-19。

对于品牌而言，晋江城市本身的“山寨文化”负面效果较大，加之政府以及行业协会在打造区域品牌力度上稍显薄弱，导致许多知名企业只谋取自身发展，忽视区域品牌建设。

耐克与阿迪达斯等国际劲敌的强势地位在短期内难以逾越，从产品设计到营销理念上，晋江品牌仍十分稚嫩，不够成熟。

因此，找准目标定位，重新规划品牌建设实为晋江品牌的当务之急。

参考文献

〔1〕张宇、蔡秀玲，晋江鞋业集群“造牌运动”的原因及启示[J]，科技和产业，2007，(1)，P12～15.

〔2〕周富春，请明星做广告悠着点[J]，中国皮革，2002，(04)，P15～17.

（本案例由厦门大学广告系研究生刘琦婧撰写）

十四、没落的顺德家具神话

1 引言

地处广东省顺德市的乐从镇和龙江镇，地方不大却名声在外。拥有“中国家具商贸之都”美名的乐从和拥有“中国家具制造重镇”称号的龙江，共同打造了一个声名鹊起的区域产业——顺德家具。据不完全统计，广东是全国家具最重要的生产、流通、出口基地，拥有家具企业8 000多家，其中，顺德就有2 500多家，占整个广东家具企业总数的30%左右(黄丽　罗锋，2008)。

鱼塘边的顺德，在没有任何资源优势的情况下，凭空发展出一

图1　顺德家具

个庞大的家具产业链，创造了继家电之后的又一个“顺德奇迹”。作为中国现代家具产业的开山鼻祖，顺德不仅有家具生产基地、销售中心，还配套木工机械、木材加工、涂料化工和包装印刷等产业，并配有皮革、布艺、家具五金及木材等专业市场，为各类家具生产提供了充足的原料供应。另外，围绕家具会展、物流、网络营销、出口等环节，当地政府还出台了相关配套措施，配置海关、商检、金融、海外运输和进出口贸易代理以及知识产权保护等服务机构，形成较为完善的产、供、销工作体系和服务体系。可惜的是，历时 30 余年，顺德家具产业仍然没有一个全国知名品牌，企业规模不大、企业间恶性竞争、缺乏自主创新、不注重品牌塑造等产业问题导致顺德家具这一区域产业正在走向没落。

图 2　乐从国际家具博览中心

2 顺德家具的神话

2.1 神话的源头和发展

20 世纪 80 年代，一个偶然的机会，顺德龙江的农民把香港亲友赠送的沙发拆开，发现仿造没什么难度，就开始自己生产简单的沙发。在 325 国道旁边向过往司机贩卖自己偷偷摸摸生产的沙发，成为国道上过往行人极为关注的抢手货。乐从镇水藤村一带的家具厂集结在 325 国道乐从段，以“前铺后厂”模式经营，形成顺德最初的家具市场。当初，国道两旁都是鱼塘，政策不允许把鱼塘填平做商铺，聪明的乐从人就想了个办法——用竹木在鱼塘上搭个棚，上面开起家具店，下面照样养鱼。就在这些鱼塘上，顺德人做起了跨省的大生意，并使家具市场形成一定规模。

家具制造业的集中迅速带动相关产业的发展，乐从的家具销售服务业发展如火如荼，伦教的木工机械产业也迅速发展壮大，顺德涂料企业的门口每天都有提着现金排队拉货的车辆，全球各地的家具材料也开始向顺德集中，家具工厂一出门就能买到大量的家具材料。①

2.2 政府和行业协会发挥作用

镇政府对家具产业的重视，形成“政府搭台、企业唱戏”的政企良性模式。政府不仅为家具企业提供政策优惠，还把 325 国道四车道改为六车道，更重要的是，为“顺德家具”在当地媒体上造势，比如《佛山日报》、《南方日报》。一系列措施改善了软硬环境，使家具市

① 吴志高、冯铭贤，顺德家具发展沿革[EB/OL]. http://www.ciffol.com/chen/shunde1.html。

场步入快速发展阶段。乐从镇借助 325 国道改貌这一契机，对陈旧的商场进行改造，建成了面积超过 200 万平方米的现代化家具专业商场，在此从事经营活动的家具企业达2 100多家。乐从国际家具博览中心、皇朝家私城、名匠轩、罗浮宫、顺联北区家具城等国内著名家具商城构成乐从家具市场庞大的建筑群（现已成为顺德十景之一）。1999 年初，龙江镇党委、政府提出了建造十里家具长廊的“登月工程”计划，最终建成可以联结顺德乐从十里家具城的“龙江新十里家具城”。

顺德人还主动走出境外，由市领导带团去日本、去韩国、去台湾省，拜访在顺德投资的外商，介绍情况、听取意见和建议。1996 年，顺德成为在日本招商的第一个中国县市。顺德的努力终于得到巨大的回报，加拿大、日本、美国、德国、香港等 46 家国际知名大企业和跨国公司相继前来投资和合作，项目投资总额达 81 亿元，其中外商投资占 38 亿元人民币，投资额超 1 亿元的项目 23 项，产生了“小城市引进大财团”的效应。

家具产业的发展，也得益于家具协会的诞生。

顺德家具协会成立于 1997 年 8 月 18 日，是一个由生产和销售家具及配套家具原材料、木工机械的工商企业组织成的非盈利性的民间团体组织，发展至今已有会员 180 家。协会及时通报家具业界的最新信息，提供国内外家具市场的有关资料，维护会员合法权益、协调企业发展。组织会员单位参加有关家具企业管理、产品提升的座谈会；举办家具系列培训班，促进家具制造厂同销售商之间的沟通。此外，协会还组织会员到国内外家具市场参观考察，会同友好协会开展各种交流活动，定期组织理事会议、会员座谈，交流意见，出版顺德家具协会会刊和《顺德家具报》，以增强家具界的信息交流。[①]

---

① 协会简介，http://www.sdfa.cn/cn/showisco.asp? id=1。

乐从家具协会于1997年成立，据乐从家具协会创办人之一、长期担任会长的廖烈棉介绍，该协会自成立那天起，就立下了一个宗旨：一心一意为企业服务。一是当好企业与政府之间联系的桥梁，积极反映企业的意见和建议，传达政府相关的方针政策。二是积极传播树立“乐从家具”品牌整体形象，推动乐从家具市场稳步发展。协会主要领导亲自到国内各个家具博览会设展位派发报刊，还利用各种场合，运用各种途径，通过各种传媒，把乐从家具行业介绍到世界每个角落。三是把握机遇组团走出去，到国内外家具业发达的地区参观、考察、取经，与同行密切关系，促进友好合作。四是为企业提供家具业的有关信息。①

2.3 鼎盛时期的顺德家具

每年，在龙江、乐从开展的家具博览会此起彼伏，比如龙家展（龙家具精品展）、乐从国际家具博览会、亚洲国际家具材料博览会等。顺德家具市场发展之快，规模之大，品种之全，数量之多为全国之最。

2002年，顺德家具市场达300万平方米，家具工业及其相关产业总产值约为300亿元，有2 700多家家具生产企业，3 000多家家具经销企业，2 000多家家具配套生产产业，销售额之高雄踞全国家具业榜首。

3 顺德家具神话的没落

如今，顺德家具市场地位下滑，昔日辉煌不再。在家具制造方面，全国目前已经形成五大板块：以广东、福建为代表的华南区，以

① 樊荣强，乐从：构建“世界家具之都”[EB/OL]. http://www.ww1ww.net/showart.asp? id=341. 2008-09-20。

北京、天津、山东为代表的华北区，以大连、沈阳、哈尔滨为代表的东北区，以长三角为代表的华东区以及以四川为代表的西南区。虽然广东家具还在其中执牛耳，但顺德家具在广东家具中的地位已经逐渐被深圳、东莞等周边地区的家具取代。以上许多地区的家具制造商，或品牌一流，或意识进取，或资金雄厚，或地域直接，均成为顺德家具的直接竞争者与超越者。①

笔者认为，造成这样结果的原因有以下几个：

(1)顺德家具企业品牌意识薄弱。品牌稀缺是顺德家具产业集群发展的最大缺陷。顺德家具既无确定的媒体作主导推广，又无以市场核心为主题的社会宣传活动。全国闻名、全区最重要的家具制造基地龙江镇，尽管拥有“中国家具制造重镇”、“中国家具材料之都”的荣誉，但没有一个省级以上的著名家具商标或省名牌，更没有国家级荣誉。目前，龙江家具企业的品牌战略水平与品牌经营水平与国内发达地区的优秀企业之间存在较大差距，品牌缺失成为该镇产业集群发展的最大缺陷，尽管其多项产品产量达到全国产量的30%～50%，有些产品的产量甚至达到世界产量的80%，许多世界品牌都由该镇贴牌制造，但在国内、国际市场上，却无法见到由其生产的独占鳌头的自主品牌产品，只能以OEM方式赚取少量的加工费，其利润空间平均只占整个利润空间的极低部分。

在品牌建设方面，顺德家具不仅仅缺乏在央视造势做广告的魄力，在广告预算方面也相当吝啬。这些中小家具企业只采用最初级的营销方式——参加展会，在展会门口派传单。倒是家具城、博览中心会投放广告，在专业杂志上进行宣传，例如中国《家具》、德国《家具市场》、美国《今日家具》、日本《家居生活》等。高智勇(2007)还提到，1994年国际家私城建成初期，为了招商引资，投入巨资聘请

① 佚名，顺德家具三十年[EB/OL]. http://www.szshh.com/list/4580.asp。

港澳明星拍摄广告片，大量投放宣传广告。①

(2)顺德家具缺乏统一的行业协会。区域产业的行业协会应当推动产业品牌的发展。然而，作为全国同行业最大的产品集散地，顺德家具市场并无一个力量强大的行业协会。龙江和乐从是顺德家具的两大重镇，龙江趋向于制造业经济，乐从则依赖于展会经济。倘若两个家具重镇互相合作，共同打造顺德家具这一区域产业品牌，非但不会损害互相利益，反而促进彼此市场的拓展和品牌的推广。1997 年，乐从家具行业协会成立，同年，顺德家具行业协会成立。不幸的是，龙江和乐从两个家具产业重镇并未形成统一的行业协会。顺德家具行业协会坐落于龙江，实际上代表龙江家具企业的利益，乐从家具协会也只考虑自己镇的家具企业，二者各自为政。

(3)中小家具企业恶性竞争。顺德家具处在一种完全竞争状态，缺乏技术含量和自主品牌，企业整体规模偏小，低水平重复建设，同质化严重，导致资源浪费。顺德家具协会没有发挥良好统筹作用，企业的营销思维模式固化，缺乏系统的战略规划和专业化品牌经营思路。家具制造属传统产业，技术门槛低，市场进入易，容易模仿，在市场经济不够成熟和完善的前提下，顺德家具行业知识产权保护意识十分薄弱，企业间相互抄袭、照版模仿等不良竞争相当严重，影响顺德家具产业的持续发展。通过对 37 家生产企业的产品设计能力情况的调查，我们看到，完全自己创新设计只有 3 家企业，只占 8%的比例，自主创新设计能力在 50%以上的只有 6 家企业，只占到 16%(如表 1)(黄丽、罗锋，2008)。

(4)小农意识强过自主创新意识。据《家具导刊》总策划黄科明说，2006 年 12 月 21 号《家具导刊》产生，当时他带着团队 8 个人采

① 高智勇，重温乐从家具化蝶路[J].房地产导刊，2007，(21)：68。

访顺德家具企业，一个接受采访的企业都没有。①

表1　顺德企业设计能力状况

企业设计能力状况	完全自创设计	完全按样加工	自创设计50%以上	自创设计50%以下
数量(家)	3	15	6	13
占总数比例	8%	41%	16%	35%

图3　乐从国际家具博览会

顺德家具产业一直处于自发性发展状态。虽然在全国四大家具集散地顺德乐从、河北香河、苏州蠡口、四川成都，顺德家具人都是其中的主力，但是低调的顺德老板守口如瓶，不为外界所知。他们过于务实，过于注重实效。这种小农意识一直伴随着顺德家具产业的成长。“不愿冒富，怕枪打出头鸟；宁当鸡头，不当凤尾；不喜‘出海大船’，宁愿‘船小好掉头’；不讲奉献，只讲个人赚钱；只求曾经拥有，不愿基业长青”，小农企业构成的产业现状与发展远景自然

① 佚名，实录：顺德家具产业品牌升级之路[EB/OL]. http://sz. jiaju. sina. com. cn/news/1127402074. html. 2010-08-02。

可以预见，与东莞、深圳以港资、台资为主体的企业形成鲜明对比。

当别人在卖品牌、卖设计、卖产品附加值的时候，顺德的家具企业却还在为卖原材料、找廉价劳动力、钻富民政策的空子而四处奔波。似乎，绝大多数家具老板们还对品牌传播采取淡然的态度，在他们看来，品牌效应影响有限，投钱去做不能立竿见影的宣传，还不如模仿几款畅销的款式去市场上卖实在。①

(5)家具产品质量缺乏保证。2009 年国家质检总局发布的《2009 年第 3 批产品质量国家监督抽查质量公告》，佛山市家具的批次合格率为 69%，9 个批次不合格产品的生产企业均在顺德。2008 年，广东省质监局公布的大班台家具批次合格率仅为 55.2%；“六一”前夕公布的儿童木制柜批次合格率只有 59.5%，相当一些不合格产品的企业集中在顺德。② 顺德中小企业间恶性竞争，压低成本，使产品质量受到损害。同时，又缺乏质量检测标准和监督，导致顺德家具的质量得不到保证。

4 顺德家具区域产业品牌没落的思考

自 80 年代逐步兴起的顺德家具产业集群，面临着巨大的市场压力。不仅是外部相同产业集群的壮大对顺德家具的威胁，还有内部无法凝聚的各种竞争力互相损耗。顺德家具这一现代产业集群，若想重振雄风，首先要对自己区域内部的资源重新进行整合和利用，勇于直面现存的问题，寻找有效的解决途径。笔者认为，针对顺德家具没落的五个原因，可以尝试从以下几个角度去思考解决办法。

---

① 黄志军，顺德家具亟需打造品牌[EB/OL]. http://blog.sina.com.cn/s/blog_553c6bdb0100jeld.html. 2010-05-31。

② 佚名，广东省顺德市劣质家具产品正大行其道[EB/OL]. http://home.sohu.com/news/2010-04-02/169707.html. 2010-04-02。

(1)最根本的解决之道是增强顺德中小企业家的品牌意识。一方面，为了改变顺德中小企业发展30余年依然未出现一个全国知名品牌的现状，树立品牌意识刻不容缓。顺德家具企业在依靠OEM获利的同时，也应当打出自己的品牌。第一，为自己企业完善CI系统，改善企业的对外形象，提升企业在消费者心中的整体印象。第二，自主创新，为自己品牌打造个性。第三，增加广告预算，为品牌传播提供保障。第四，硬广和公关活动齐头并进，增加品牌的曝光度，让潜在消费者接触到品牌信息。第五，美化和健全企业官网，发展电子商务，方便与消费者直接沟通。第六，通过经销商制造口碑效应，家具企业直接接触消费者的机会较少，大多数是以各地经销商作为桥梁，一旦WOM取得成效，消费者就会主动要求经销商向该品牌进货，形成良性循环。另一方面，区域产业品牌的名声也需要进一步加强。同样是中小企业集聚的意大利瓷砖，几乎每个企业为自己做品牌宣传的同时，都会附有意大利瓷砖的印记。区域品牌的壮大，可以为区域内所有中小企业撑起一把品牌保护伞。早年，顺德家具发挥了品牌伞的作用，只要不让区域品牌继续没落，一样可以为顺德龙江和乐从的家具企业带来福祉。顺德家具企业老板们应该意识到，保护顺德家具就是在保护大家共同的财产。

(2)政府牵头成立真正意义上的顺德家具协会，实现龙江和乐从两地家具企业的共同利益。现存的顺德家具协会和乐从家具协会各自为政，分别代表龙江和乐从的家具企业，这就导致顺德区域内企业恶性竞争、区域外缺乏统一营销推动力。

顺德家具想重新在家具市场成为领头羊，就必须拥有强有力的行业协会。在区域内，行业协会可以培养家具企业的品牌意识，规范各企业的市场行为，统一调度资源，防止企业间恶性竞争，帮助家具企业自主创新和找到自己的USP，惩治损害区域产业名声的企业，为顺德家具行业的信誉提供保障。在区域外，由行业协会牵头，通过与媒体合作，定期制造事件营销，加大广告投放，传播顺德家具这一区域品牌。行业协会将是区域产业品牌对外推广的强大助推器。

综上所述，一旦行业协会开始发挥作用，顺德家具企业的产品和对外宣传都会发生质的飞跃。从自身来看，行业协会可以为顺德家具老板们树立品牌意识，把他们从小农思想中解放出来，培养长远的眼光；从产品来看，行业协会可以制定一套质量检测监督系统，保障家具的品质，防止低劣产品毁坏区域品牌名声；从对外宣传来看，行业协会不仅可以招商引资，还可以为顺德家具扩大影响力，使其在更广阔的平台上为区域内企业提供品牌保护伞效应，实现共赢。

5 结语

现代产业集群的形成十分迅速，但也可能在悄无声息中衰退。没有文化底蕴、没有强有力的营销手段、缺乏核心优势、容易复制……因规模而聚集的产业集群都可能因前文所述原因被后起之秀超越。企业模式可以复制，同样的生产模式再到另一个地方，就又可以汇聚成一个产业集群。

顺德家具也发现了自我文化的不足，正在着手改善这块短板。2005 年，乐从镇开始举办家具文化节，文化节上还举办了一系列活动，包括中法家具设计师合作洽谈、“中国家具商贸之都”杯原创家具设计大赛、国际家具营销论坛、世界经典品牌展示。其中，齐白石竹木雕艺术作品展成为文化节的一道亮点。2008 年，龙江人自己拍摄了原创电视剧《家天下》，以顺德龙江家具发展历史为背景，反映家具改革开放的 30 年。电视剧在广东电视台珠江频道、佛山电视台等频道播出。电视剧投入了巨大费用，除了龙江镇政府投入部分资金之外，大部分由家具企业赞助或投资。

除了电视剧，顺德家具协会还举办了“顺德家具协会杯”男篮邀请赛。通过公关活动，在《佛山日报》上塑造顺德家具的品牌。

镇政府与协会还一起组织企业“抱团”参展，提升顺德家具整体影响力。“顺德家具品牌整体影响力提升了，对所有的家具企业都是好事。以后再与国外企业谈生意，企业只要报出‘顺德家具’名号，外商就能知道企业是从哪里来，极大节省了企业的宣传成本”，“我们将组织30多个家具企业在阿联酋迪拜家具展上组团参展”，顺德龙江镇副镇长廖流波说道，今后将组织顺德家具企业组团到国外参展，首站选定阿联酋迪拜家具展，通过“抱团”参展，向世界推介“顺德家具”集体品牌。据悉，这也将是顺德家具企业首度打出“顺德家具”这一集体品牌亮相国际家具展。①

2007年3月19日，在龙江镇委、镇政府的大力支持下，由顺德市家具协会牵头组织，发动会员企业作为发起人共同发起成立龙家居投资股份有限公司。成立后，该公司将担起整合顺德家具行业资源，整体营销“龙家具”品牌，带领顺德家具企业冲击国内外市场的重要责任。

2008年家具市场竞争异常激烈，整体市场出现滑坡，一些小型家具企业纷纷倒闭。顺德地区有100多家家具生产厂家相继倒闭，给许多上游供应商和下游经销商带来极大后患。此次倒闭潮中的企业主要具有以下几个特征：不重视品牌建设，完全依靠贴牌生产，完全没有研发能力；企业管理落后、不注重售后服务。此次顺德家具企业倒闭潮再次显示，企业如果不重视品牌建设、不注重创新、不重视成本控制将走向末路。②

顺德家具的未来将是重新崛起，或者就此没落，这就看它自己

① 刘嘉麟，顺德家具将首次抱团进军迪拜[EB/OL]. http://news.sina.com.cn/c/2009-03-10/080015284581s.shtml. 2009-03-10。

② 佚名，顺德龙江百余家具企业关门倒闭[EB/OL]. http://blog.sina.com.cn/s/blog_53349f1e01009sxl.html. 2008-06-13。

要选择怎样的道路。

参考文献

〔1〕黄丽、罗锋，中小企业自主创新能力提升的网络化服务体系构建[J]，科学学与科学技术管理，2008，(6)，P44～49。

（本案例由厦门大学广告系研究生彭靖佳撰写）

十五、798 文化创意产业传奇

1 引言

文化产业是以文化内容的创造为核心，通过市场化和产业化的组织，大规模提供文化产品和文化服务的经济形态。在全球经济进入以知识为核心竞争力的时代背景下，文化产业获得蓬勃发展，据联合国统计，文化产业创造的经济价值占全球 GDP 的 7%，每年还以 10%的速度增长。文化产业的快速发展已经成为推动经济增长，培育创新能力，增强地区、国家和城市综合竞争力的重要因素。因此，发展文化经济和文化贸易，已经成为世界各国竞相争抢的战略高地。在英国、美国、日本等世界发达国家，文化创意产业已被提高至国家经济发展战略的高度，成为经济发展行业中的主力，其产业产值在国家经济生产总值中的比重居于各产业前列。

我国的文化产业起步较晚，发展相对滞后，为了迅速提高我国文化产业的竞争力，我国政府制定了一系列措施。2009 年 7 月，国务院常务会议通过了《文化产业振兴规划》，标志着文化产业战略上升为国家战略。① 在这种背景下，从中央到地方出台了一系列鼓励文化产业发展的政策措施，文化产业迎来了其发展的战略机遇期。

① 向勇，文化产业这十年，北京商报，2009.11.16。

文化产业是一种注意力经济，与传统产业相比，更强调品牌效应，更注重声誉、口碑。因此，打造文化产业的区域品牌成为各地区发展文化产业遇到的难题。文化产业区域品牌的构建与发展是否与传统产业具有相同的规律，文化产业区域品牌的运行机制是和传统区域产业品牌是否一样？如果一样，政府在这方面的主导政策是不是也是一样的呢？是不是也可以采用和一般工业园区的建设方法来构建文化产业的区域品牌呢？带着这些问题，笔者深入研究了国内最大的文化产业区域品牌——北京 798 创意产业园，看它如何从一个艺术家的集群地逐渐发展为举世闻名的文化产业区域品牌，希望为其他地区发展文化产业区域品牌提供借鉴。

图 1　798 艺术区

2　798 创意产业园简介

798 创意产业园是北京市文化产业基地，是一个汇集艺术理想与商业利益的工厂型艺术生态圈，是目前国内最有名的文化产业区域品牌。798 创意产业园的前身是以原 798 厂为主的京东电子工业厂区，是 1950 年由东德设计、苏联援建的工业项目，厂区的部分建筑为典型的包豪斯风格。北京城市化推进，原处郊外的厂区成为城市的一部分，伴随原有工业项目的停改，厂区几近废弃。2002 年，一批视角独特的艺术家、画家、经纪人看中了这里宽大的空间、沧桑的氛围以及廉价的租金，成规模地租用和改造空置的厂房，为老厂区注入了新的活力。短短的两年时间里，多家艺术家和文化机构进驻，798 逐渐发展成为艺术中心、画廊、艺术家工作室、设计公司、广告公司、酒吧等各种现代空间的聚合。在这里，绘画展、摄影展、实验戏剧、音乐会、影视播放、时装发布会等艺术和商业活动非常频繁，798 已经成为中国当代艺术的集中地，是近距离观察中国当代艺术的理想场所。[①] 截至目前，798 艺术区已经进驻文化艺术机构近 400 家，成为国内最大的现代艺术聚集地，成为国内外著名的文化产业区域品牌。本来破烂的厂房经过一系列的二次开发，结果成为文化产业的区域品牌，798 的变化充分显示了文化创意产业的巨大能量，也为文化产业区域品牌的发展提供了借鉴。

3 798 创意产业园构建区域产业品牌中的策略

3.1 相同的区域品牌认知，一致的区域品牌宣传

艺术家进行驻伊始，798 创意产业园区就有明确的定位——建立一个以创意为主的文化产业品牌，随后，创意产业园一直朝着这个方向发展，进驻的企业都是具有极强创意性的文化企业。园区内所有企业对 798 的区域品牌有一致的认知，都自觉维护 798 这个区域品牌，所有企业都将创意视为自己的特色，使企业文化与整个园区的文化相符合，每家企业的门前都摆放着独具创意与艺术特色的产品。这些艺术产品往往前卫、时尚而又风格迥异，完全契合 798 文化创意园区现代艺术创意产业园区的定位，798 创意产业园区的每一个角落，包括楼梯、墙壁，甚至企业的招牌，都创意十足，整个园区充满浓厚的艺术氛围，其知名度大大提高。

在区域品牌的打造与宣传方面，798 创意产业园特别重视整体的宣传效应，园区拥有独立的网站，网站中既有产业园区整体的宣

---

① 白迎金，文化产业聚集——链接效应，中小企业管理与科技，2008 年第 8 期。

图 2 798 里的部分工作室

传，也有各个企业的宣传，企业的介绍中都将企业的品牌与整个区域品牌 798 联系起来，利用 798 区域品牌的名气来推销自己。798 创意产业园已经形成巨大的区域产业品牌伞，其知名度与美誉度的提高，为园区内企业发展带来巨大的优势。区域内的企业也愿意在 798 创意产业品牌的扶持下发展，希望通过自身的力量进一步提高园区的知名度与美誉度，这为 798 创业产业品牌的良性发展提供

图 3 798 的标志

了保障。

图 4 798 创意产业园区举办的活动

3.2 区域品牌主导下的艺术交流与时尚活动

文化产业的发展离不开各种展会和交流活动，但单个企业往往无力承担大型的展会及艺术交流活动，作为区域品牌的 798 则能利用品牌优势吸引并联合区域内相关企业举办大型国际艺术展览、艺术活动和时尚活动，比如北京 798 艺术节、北京当代艺术双年展、中法文化年等，一些知名品牌也在这里进行宣传，爱马仕、宝马的新品发布会都在这里举行。798 文化创意产业园区几乎每天都有艺术交流与时尚活动，这些活动的举办一方面提高了 798 作为当代艺术中心的知名度，另一方面也为区域内的企业提供了商机。这是区域内文化企业协调一致共同打造 798 文化产业区域品牌的动因，有了这个动因，798 文化创意产业园构建区域品牌时大大减少，从而实现迅速发展。

3.3 注重“注意力效应”，充分利用各种机会提高区域品牌知名度

文化产业是注意力经济，它比传统产业更注重品牌构建。因此，798从建设之初就非常注重园区品牌建设。798创意产业园区非常注重注意力效应，特别注意利用国内外媒体提高自己的知名度，迅速成就其区域产业品牌。798创意产业园区的艺术家的聚集首先得到国外媒体的关注，《纽约时报》曾将798工厂与曼哈顿的SOHO相提并论；798被美国《时代周刊》评为最有文化标志性的22个城市艺术中心之一；世界各大报纸，美国的《纽约时报》、法国的《解放报》、意大利的《共和国报》，都对798进行了报导。① 国外媒体的争相报道引起国内媒体的关注并迅速参与，有的媒体将798艺术区与美国纽约苏荷区、英国伦敦东区、德国柏林西莫大街相提并论；有的将逛北京798和宋庄，与到莫斯科看芭蕾舞、到纽约看百老汇、到加州看好莱坞相媲美。② 媒体的报道大大提高了整个798创意产业园的知名度，为其区域品牌的构建发挥巨大作用；也吸引了更多的知名艺术家和世界知名的艺术机构。它们的加入再次成为媒体关注的焦点，这便形成良性的品牌发展机制。

798创意产业园区不仅充分利用媒体，而且不断发挥名人效应，798创意产业园区的区域品牌发展很大程度上依靠知名艺术家的带动作用。798创意产业园区最初由艺术家推动建立，在这里，艺术家形成集群效应，大量艺术人才慕名而来，隋建国、李象群、刘索拉等艺术名家在此设立工作室，形成重要的示范效应。这些艺术家大多比较有名气，注重原创与创意；在这里，艺术比市场更重要，创意比

---

① 刘春成、候汉坡编著，创意照亮的空间，北京：知识产权出版社，2007年9月，第129页。

② 孔建华，北京798艺术区发展研究，新视野，2009年第1期。

图 5　798 创意产业园区内的雕塑

货币更重要。因此，798 聚集了大量对艺术充满梦想的艺术家，这里已经成为中外艺术界了解中国当代艺术的窗口，成为交流互动的艺术平台，成为中国当代艺术的重要集散地，成为国内外有影响力的文化产业园区。

同时，798 创意产业园区还注重邀请其他领域名人代言，这也有利于整个区域品牌的构建。2004 年以来，瑞典首相、瑞士首相、德国总理、奥地利总理、欧盟主席、比利时王妃、安南夫人、法国总统夫人等先后应邀参观访问过 798 艺术区。名人和名牌的参与大大提高了人们对于 798 创意产业园区的注意，不断推动整个区域品牌的持续发展。

3.4 艺术与市场结合：以文化为根，以创意为魂，以市场为导向

798 创意产业园是文化产业的前沿阵地，在这里，艺术与市场形成完美的统一，艺术家追求原创创意、追求艺术，这些创意和艺术转化为文化产品最终形成市场价值。这里既是当代艺术的“秀”场，又是艺术品交易的大市场。在这里，艺术的生产、加工、销售形成自律的循环。画廊、艺术机构是卖场，工作室则是艺术品的生产车间，798 形成前店后厂的格局，艺术与市场在 798 创意产业园完整的产业链中实现统一。

虽然 798 创意产业园以市场为导向，但创意是 798 的竞争核心力。单纯的模仿固然可以短期见收益，比如深圳大芬村的油画，但没有知识产权的制造最终会受限于产业链上下游，容易失去竞争力。原创虽然辛苦，难以短期见效，但是其核心竞争力却难以被剥夺和替代。798 今天是中国当代艺术的展示交易中心，未来会成为世界著名的艺术园区，在这里面展示和交易的是当下中国正在发生的原创艺术作品，这是中国制造转向中国创造不可缺少的存在。也正是由于其作品的原创性及其代表着中国当代艺术的发展方向，798 创意产业园才能够拥有如此强大的品牌知名度。

3.5　政府协调指导，多种产业形态和谐共存

798 创意产业园单单靠艺术家的推动肯定是不能发展如此迅速，它还需要政策支持。在 798 的发展过程中，798 艺术区建设管理办公室起到重要的作用，它以协调、服务、引导、管理为宗旨，推进艺术区当代艺术与文化创意产业的发展。北京 798 艺术区建设管理办公室通过对园区的服务中心、展览展示中心和公共服务平台等的建设不断为园区提供完善的服务，按照保护、开发、稳定、发展的指导方针对 798 艺术区的核心区域、原创艺术进行有效保护，加强艺术区的宣传与推广，不断吸引国内外众多知名的艺术家及艺术机构，为园区内艺术品打造展览展示、交易拍卖的平台，这些都为园区的发展做出巨大贡献。

798 文化创意产业园区是中国现代艺术的中心，产业形态多种多样，其中包括艺术中心、画廊、艺术家工作室、设计公司、广告公司、酒吧等。即使是经营同一种产业的企业，风格也完全不一样，所以在 798 文化创意产业园区内部几乎没有太激烈的竞争，企业都有自己独特的定位、独特的创意和风格，区域内部的各个企业能够和谐共处。产业形态的多样化吸引着不同的群体，产业之间出现相互拉动共同增长的趋向，某一环节业态的提升，直接导致整个链条和区域的振荡性提升。比如，国际时装周的举办促进时装产业链的大幅提升，参加时装周的商家会在欣赏表演之余浏览艺术工厂，也许会发现独具创意的室内装饰品和雕塑，同种不同类的文化产品相互拉动作用逐步显现。多种产业形态的区域产业品牌往往更利于整个区域品牌的发展，因为区域产业品牌内部竞争度很低，区域内的所有企业都热衷于区域品牌的整体构建，这有利于 798 区域品牌的发展。

3.6　体验式的营销，品牌构建与宣传新型平台

798 创意产业园吸引了来自世界各地的游客，在这里人们可以

真切地体会中国艺术的发展，798 创意产业园非常重视游客的体验，创意产业园区的角落里都布满了各种艺术品，到处散发艺术氛围，游客时刻可以感受到艺术的熏陶。在一些有名的工作室里，游客可以尝试着自己作画、雕塑。园区还建有许多体验式的展馆，这种新的适合消费者需要的体验式文化产业给游客带来全新感受，将艺术传达到至普通人身上。体验式营销大大提高了 798 创意产业园的知名度，让普通的游客感受到艺术的魅力，从而使 798 创意产业园区的品牌越来越有竞争力。

4 从 798 创意产业园看文化产业区域品牌发展策略

798 创意产业园从简简单单的艺术家集群地迅速发展为高知名度的文化产业区域品牌，这与其独特的发展策略分不开。解读 798 文化创意产业园的发展，发现文化产业区域品牌的构建与发展遵循自身的规律，这与传统产业区域品牌的构建不同，不能简单地以工业园的方式来发展文化产业。

4.1 清晰的定位，一致的宣传

文化产业内涵丰富，其内部产业众多，构建文化产业的区域品牌时必须根据自身条件，找准定位，不能今天决定发展电影，明天就改为画廊。有了清晰的定位之后必须有一定的准入门槛，应重点吸引与区域产业定位相关的企业，使其融入区域品牌的文化，不应随便吸纳与文化产业八竿子打不着的企业。区域品牌的构建要使用清晰的宣传策略，区域品牌要从整体上推介自己，区域内的企业应该在行业内部对整个区域品牌进行统一的宣传，这样就可以有力地推进文化产业区域品牌的发展。

4.2 文化产业区域品牌构建需注重“注意力效应”

文化产业是注意力经济，要比传统产业更强调品牌效应，更注重声誉、口碑。在信息化迅猛发展的今天，各种文化相互激荡，市场上充斥文化产品、服务和过剩信息。要想在良莠不齐的市场上脱颖而出，文化产业区域品牌就必须充分吸引人们的注意力，必须注重区域品牌的注意力效应。首先，应该由区域品牌主导文化产业内部的展览与交流活动，这样容易在行业内部提升整个区域品牌。其次，文化产业区域品牌应该充分利用名人效应，积极吸引那些具有一定名气和声望的大家入驻区域，这有助于提升整个文化产业区域的知名度。最后，文化产业区域品牌的构建应该注重媒体的公关和宣传作用，这也是吸引注意力的重要途径。

4.3 创意是根本，人才是关键，市场是导向

文化产业区域品牌的构建必须处理好商业与艺术的关系，只要商业的文化产业最终会走向恶俗，只要艺术的文化产业无法生存，区域品牌的构建要靠艺术人才的创意，也需要管理机构来营造市场，在文化产业区域品牌内部形成完整的产业链。创意是文化产业区域品牌产业链的起点，从创意产品和服务的生产、再生产到存储和分销，整个产业链围绕创意的生产而延伸。创意是文化区域品牌产业链形成、维持、扩展的基础，创意是文化产业区域品牌构建的根本，也是文化产业区域品牌提高知名度的有力武器，原创的东西才能引起人们的注意力，最终提高品牌知名度的提高。人才是产生创意的关键，必须创造宽松的环境来吸引人才，这样，文化产业的区域品牌才能经久不衰。只有创意没有市场的文化产业区域品牌无法发展，文化产业区域品牌必须吸引大量中介机构入驻，以商业带动艺术的发展。所以，发展文化产业区域品牌，必须以创意为根本，人才为关键，市场为其导向。

4.4 “体验式营销”是文化产业区域品牌构建中的良策

对于文化产业这种无形的产业来说，体验式营销起着重要作

用，在文化产业区域品牌的构建中发挥积极的影响。文化产业属于无形产业，消费者要亲身体验才能感受其中的乐趣；大部分文化产业区域品牌都会重视旅游产业的开发，这种体验式营销能够让游客和消费者亲身体验产品或者制作产品的乐趣，有助于整个区域产业品牌的宣传和推广。

4.5 政府管理要张弛有度，艺术家协会保驾护航

政府在文化产业区域品牌的构建中发挥重大作用，文化产业区域品牌的发展需要政府扶持和政策倾斜，文化产业区域品牌的构建需要政府的引导和管理。政府的管理，应该张弛有度，积极为文化产业区域品牌的发展营造宽松的环境，充分尊重区域内部艺术家和艺术中介机构的意愿，有所为，有所不为。只有这样，文化产业区域品牌才能有序发展。

文化产业区域品牌内部往往聚集大量艺术家，除了在艺术创作上花费大量时间，他们还要为自己的生计打算，为自己的艺术品找市场，还要时时维护个人权益，他们的负担十分沉重。成立艺术家协会一方面可以为艺术家们找市场，另一方面也能够从整体上维护整个艺术家群体的权益，艺术家行业协会的成立可以为文化产业区域品牌的构建保驾护航。

我国文化产业的发展处于战略的机遇期，798创意产业园的成功为文化产业区域品牌的构建提供了一个范例，但是从整体来看，我国文化产业区域品牌的构建仍处于摸索期，其中的规律和策略还需要深入挖掘，这样才能促进文化产业快速发展。

（本案例由厦门大学广告系研究生樊庆磊撰写）

十六、台湾新竹玻璃浴火重生

1 引言

中国拥有众多传统区域品牌，如宣州纸张、景德镇瓷器、惠安石雕、苏州刺绣、浏阳鞭炮，这些区域品牌拥有独特的地理资源和历史人文特色，曾经辉煌数百年。然而随着中国经济的腾飞，许多传统区域品牌不但未能更上一层楼，反而品牌乏力，日趋没落，有的甚至陷入穷途末路的困境。虽然政府采取诸多措施挽救，但是效果不佳，毕竟“授之以鱼不如授人以渔”，外来的资金投入虽然可以缓解急困，带来短暂的发展，却不能实现永续发展。

作为传统区域品牌复苏的典范，台湾新竹玻璃在濒临穷途末路之际再次焕发生机，其成功经验值得其他传统区域品牌借鉴。

2 台湾新竹玻璃概况

新竹拥有制造玻璃所需的矽砂和天然气，自 1895 年以来引进技术后迅速成为全台湾最重要的玻璃产地。1925 年，新竹的玻璃产业正式开始。早期的玻璃制造以生产工业仪器、医疗器材及生活必需品为主。1960 年，新竹玻璃制造厂股份有限公司成立工艺玻璃部门，模仿国画屏风生产喷砂玻璃，玻璃工艺逐渐发展起来，此间，一

图 1　台湾新竹玻璃作品

些师傅捏制玻璃动物，逐渐发展出产业形态；在政府“出口扩张”政策的扶持下，圣诞灯泡和玻璃饰品成为重要外销品，新竹赢得“玻璃艺品王国”的美誉。这一时期，新竹玻璃进入全盛时期。

1980 年以来，台币升值，劳工成本上涨，新竹玻璃失去竞争力，厂商外移。新竹科学园区成立，年轻人不愿从事玻璃制造这样辛劳的工作，人力不足。更因为长期以来新竹玻璃产业依存订单，代工为主，缺乏品牌、行销与设计，在注重美学与消费的后工业时代，产品逐渐失去吸引力。在劳工成本上涨，订单大量流失，大厂外移，小厂关闭的情形下，新竹玻璃由盛而衰，走向没落。

1990 年，当地业者率先提倡将产业升级为精致化的玻璃工艺，1994 年与 2001 年，分别成立竹堑玻璃协会、风城艺术玻璃作家协进会，致力于玻璃工艺的发展与研究。当地政府也大力推动玻璃生产的发展，在种种得力措施下，新竹玻璃再次焕发活力。

3 传统区域品牌新竹玻璃的复兴之路

3.1 政府的强力推动——中央政府政策倡导,地方政府着力实施

台湾的传统区域品牌早期以外销为导向,以代工、劳动力密集型为主,无技术创新可言;不但行销、设计方面缺乏本土文化特色,也未建立自己的产业品牌。工资高涨以后,这些传统区域品牌很快失去劳动力优势和国际竞争力。根据这一现状,台湾"行政院"文化建设委员会1994年提出"产业文化化·文化产业化"策略,协助传统区域品牌从OEM代工工业向文化创意产业转型,朝精致化、艺术化发展。1998年,为落实该策略,文建会增列"地方文化产业振兴计划",通过经费补助辅导地方开发与再利用文化资源,规划与营造文化风貌,新竹市的"玻璃产业文化振兴计划"也因此通过。

图2 台湾新竹年度玻璃生肖展

新竹市文化中心开展一系列产业文化活动,不断突破发展瓶颈,积极帮助该区域品牌向文化创意产业方向转型。具体来说有:

1. 政府强势主导下的各种展览

1991年开始新竹市长带领业者先后在高雄、巴黎、纽约等进行一系列国内外玻璃精品展出,不仅迈出了新竹玻璃走向艺术的步

伐，而且提高了其区域品牌的知名度。新竹文化中心办理“竹堑玻璃接力展”，增辟琉璃画廊，展出玻璃艺术家的作品，为玻璃工艺创作者提供观摩学习交流的机会和平台。

政府强势主导举办各种展览，不仅最大限度地利用政府拥有的资源传播新竹玻璃的统一形象，提高其品牌知名度；而且为该区域品牌内的企业和艺术家提供了展示自我、促进技艺交流合作的舞台和生存空间。

2. 文化艺术节活动以及金玻奖

Korza认为，举办艺术节可以为艺术家提供展现专业能力的机会，为实验艺术创造公开讨论的场所，促进地区团结和凝聚力，拓展艺术的观众群，沟通文化或社会的信息，刺激当地的经济[①]。在台湾政府的鼓励和支持下，新竹文化中心于1995年开始举办竹堑国际玻璃艺术节。该活动包括知性之旅——玻璃故乡巡礼、玻璃制作现场示范、亲子彩绘玻璃、玻璃市集、玻璃产业文化化展望研讨会、新知讲座等，用舞蹈和戏剧呈现玻璃的制作过程及玻璃工艺的质与美。新竹国际玻璃艺术节吸引了数十万人参观，不但为艺术家搭建了技艺切磋交流的平台，而且引起当地居民、外地游客的注意和兴趣，拓展了艺术的观众群，不仅普及了玻璃常识，增强了新竹玻璃的认同度，而且成功提高了新竹玻璃的知名度，为新竹玻璃的振兴踏出成功的第一步。目前，该艺术节已成为玻璃产业界的盛事。

1994年，新竹市文化中心开始举办“金玻奖”活动，鼓励玻璃业者从事艺术性创作，积极突破创意行销，一改只重技术，缺乏设计与美感的习气；这一活动还吸引年轻人加入玻璃艺术创作行列。

---

① Korza, Pam. MargieDian. *The Arts Festival Work Kit*. Arts Extension Service, 1989.

图 1　2008 新竹市
国际玻璃艺术节

图 2　新竹市 2010 金玻奖
玻璃艺术创作比赛作品征集

3. 设立新竹玻璃工艺博物馆

在“文建会”依地方特色设立专题博物馆的政策推动下，新竹玻璃工艺博物馆（玻工馆）于 1999 年落成。经过多年的经营，玻工馆已经成为新竹玻璃文化产业展示、交流、教育、学习与互动的理想场所。举办了一系列活动以后，玻工馆不仅成为玻璃产业界的指标，也使自己成为新竹市重要的文化地景。

4. 人才培育

传统区域品牌是特有的文化符号，浓缩了时代的历史风采，展示了一方水土蕴藏的文化技艺水准。然而随着社会生活的改变、经济的发展，传统区域品牌却面临人才断层的危险，成为它们实现永续发展的一大障碍。

对于新竹玻璃来说，人才断层危机具体表现在：掌握技术的业者多由学徒出身，缺乏艺术创作的基础知识，研发能力薄弱，很难对产品进行创意性设计开发；新竹科技园区提供了整洁的工作环境、

图 4　新竹市玻璃工艺博物馆

优厚的工资待遇、轻松的工作氛围，吸引大批年轻人前往工作，愿意从事玻璃产业的年轻人越来越少；愿意从事玻璃创作的年轻人虽然拥有无限创意，但缺少技艺操作经验。

面对人才断层的危机，新竹市文化中心举办了大量由当地政府主导的研习活动，不但对业者进行专业技术培训；还针对普通民众开展玻璃鉴赏讲座，提高他们的玻璃欣赏水平；此外，新竹当地文化部门还设置玻璃工房，提供体验场所，为民众或游客近距离接触玻璃创作提供学习的平台。

3.2　行业协会的推广运作

因为代工产业形态的原因，长期以来新竹玻璃业者同行相忌，陷入削价竞争的恶性循环，彼此关系不好。为了改善玻璃产业的体质，促进玻璃工艺的发展，1994 年和 2001 年分别成立“新竹市竹堑玻璃协会”和“新竹市风城艺术玻璃作家协进会”，积极配合新竹市文化中心举办竹堑国际玻璃艺术节，举办会员展，邀请相关团体参加展览、讲座及现场示范表演等玻璃艺术推广活动。两行业组织在促进玻璃工艺的推广和地方文化特色的塑造方面发挥了一些作用，但风城艺术玻璃作家协进会是因为内部争议而从竹堑玻璃协会分裂出来的，因此两组织的共识与向心力不足，在鼓励业者进行产业升级，开设系列相关课程，促进业者对产业进行自我剖析，凝聚会员共识促使其互相交流、研究、讨论等方面做得很不充分。

3.3 发展个人工作室并朝艺术创作发展

90 年代以来，因为工资成本上涨、环保意识抬头等因素，大中型企业纷纷出走。然而在"文化产业化·产业文化化"的政策激励下，一些小型工厂或个人创作者与政府文化部门配合，以个人作坊的形式来经营高技术、高单价，量少质精的玻璃艺品。

不同于传统玻璃工艺诉诸外销市场，这些个人作坊主要针对国内市场，多以百货公司或艺品店、个人收藏为主要的销售渠道，专致研发设计，使原本衰退的市场蜕变转型为艺术创作市场。不但丰富了市场的文化产品，也间接培育了新的薪传者。例如黄安福获国立台湾工艺研究所遴选为第一届"台湾工艺之家"；许金烺、李文福、许源荣获选为第二届"台湾工艺之家"，郑武钰结合陶艺与玻璃；许宏文投入玻璃公共装置艺术创作……（蒋玉婵，2006）

3.4 将玻璃技艺学习纳入从小学到大学的正规教育体系

正规教育体系拥有最丰富的学习资源，通过学校的人才培养，不但可以普及玻璃产业的常识，而且可以建构学习、交流和发展的平台，为传统技艺的传承开创空间，推动传统区域品牌的持续发展。

新竹玻璃积极寻求学校的参与。在正规教育方面，照门国小、富礼国中、香山高中都参与开设玻璃技艺班，香山高中的玻璃工艺课程在 2005 年获得台湾教育部门"高中职社区化学校特色发展"计划补助，其教育成果于2007年2月至3月初在玻工馆展出。

在大学方面，大华技术学院、新竹教育大学、朝阳科技大学、屏东教育大学、台北科技大学等学校也开设玻璃工艺方面的专门课程，为青年学子提供了学习的机会。

4 对传统区域产业品牌的启发

面对新竹玻璃的没落，台湾政府、协会、个人纷纷发挥各自的主体作用，促成新竹玻璃的浴火重生。上述种种措施对大陆的传统区域品牌的重生也应有很大的启发。

4.1 博物馆或地方文化馆

作为地方文化产业最佳的讨论沟通场所，博物馆可以展示传统区域品牌的文化资源，让人们更好地了解当地历史文化及风土人情；通过对当地传统产业进行创新，借助文化包装，开发衍生性产品，更好地发展传承地方的文化艺术；通过传习与开设DIY课程，可以为居民或游客学习和体验当地文化技艺提供空间，厚植文化基底，带动观光旅游，振兴传统区域产业。

新竹玻璃工艺博物馆展示国内外玻璃艺术收藏品，展示新竹玻璃的发展历史，忆古思今，为当地艺术家观摩学习国际大师作品及各种技法经典作品提供场所；通过举办各种展览、国际玻璃艺术节及各种专题讲座和研讨会，紧跟流行时尚和时代潮流，为当地艺术家提供最新的业界趋势和相关资讯，汇聚世界各地大师，搭建技艺切磋和学习交流的平台。此外，玻工馆还针对普通民众，营造体验学习的场所，通过现场展演、亲身体验等激发人们对新竹玻璃的爱好，增强传统区域品牌的认同度。例如，为了让一般大众进一步认识玻璃，馆方每星期六的下午及每星期日的上午都安排现场示范表演教学，每星期日的下午有亲子DIY活动，只要付成本费，老师会在

图 5 新竹玻璃工艺博物馆内部陈列

现场指导，普通民众很容易便自己制作一件作品带回家作纪念。

对于大陆的大部分传统区域品牌来说，如苏州刺绣、景德镇瓷器等，建立区域博物馆或地方文化馆，介绍区域品牌历史文化和举办区域产品展览或为常见，但专题讲座、研讨会、现场示范、亲子DIY 等普及或深化区域产业知识和技艺的活动却很少开办，这些活动是推广区域品牌的好方法。

4.2 人才培育

对于苏绣、湘绣这样的传统区域品牌来说，除了依靠地方自然资源以外，也常常需要使用特殊的制作工艺。随着时代的发展，手工师傅的技术传承却出现断层，精通传统区域品牌制造工艺的人才越来越少，精通者又多是学徒出身，设计能力与创意有限，研发能力薄弱。新竹玻璃也面临这一问题。为此，政府通过一系列措施，虽未彻底解决这一困境，却大大缓解了。

除借由正规教育体系普及玻璃技艺，还由政府组织进行短期技艺培训。如，2003 年，台湾当地教育部门主办“创造力教育计划”，开设“玻璃创新营”，2003 年举办了第一届，目前已经举办到第七届。2006 年，台湾地方政府中小企业处又委托易展管理顾问有限公司进行“新竹市竹堑玻璃产业聚落辅导计划”，试图整合专业设计资源与地方产业技术，提升业者设计能力及行销观念，迈向转型。其规划举办了创意设计、生活美学、产品研发与包装、展售空间训练等课程。

新竹地方政府还鼓励异业联合，邀请不同领域的艺术家一起进行玻璃创作。新竹原有的玻璃工作者大部分都是学徒出身，未受过专业美术教育，其设计与创意能力短期内不易提高，因此，新竹地方政府牵头主动充当桥梁，邀请艺术家与设计师参观玻璃工厂或玻璃工作室，帮助他们了解玻璃的材质，鼓励他们以玻璃为媒材进行创作，增添作品的艺术性。

1997 年，新竹政府邀请不同领域的艺术家进行创作，雕塑大师杨英风用玻璃做了一件观音的平面作品；石雕艺术家王秀杞作了一个头趴着、侧着的婴儿，均在国家文化艺术基金会上展出。这鼓励许多陶艺家参与玻璃艺术品创作。

4.3 结语

传统区域品牌大多数运营惨淡，日趋没落，应积极借鉴国内外区域品牌运营的成功经验，引进新元素新做法，不断为传统区域品牌增添活力。

首先，建设地方特色专题博物馆或地方文化馆。通过示范传统区域产品的制作，活化产品制造过程，普及传统区域品牌的技艺常识，增强人们的认同感；通过家庭亲子 DIY 或者情侣 DIY 现场学习，让顾客自己 DIY 并购买特殊含义的纪念品；举办各种竞赛，鼓励业者参与，不断创新传统区域产品；广泛收集业界资讯和产品流行趋势，为业者服务；积极邀请国内外优秀业者开设专题讲座或研讨会，不断提高当地业者的技艺水平。

其次，将技艺教育纳入正规教育系统，为传统区域品牌开辟传承空间，强化传统技艺常识，强化该区域品牌的认同度。通过大学等专门教育，培养精通传统技艺的新人。

对多数不景气的传统区域品牌来说，可以由政府或行业协会牵头，加强异业的联合，邀请不同领域的艺术家通过研讨会与当地业者交流技艺，通过不同的传统区域品牌的思想碰撞和交流，不断创新，实现不同传统区域品牌的延续与再发扬，争取双赢。

参考文献

（1）蒋玉婵，建构社区学习体系以推展地方文化产业之研究[D]，台湾师范大学博士论文，2006.

（2）蒋玉婵，地方文化馆与地方文化产业之研究：以新竹市玻璃工艺博物馆为例[J]，博物馆学季刊，2006.

（3）Korza，Pam. Margie Dian，*The Arts Festival Work Kit*[J]，Arts Extension Service，1989.

（4）洪惠冠，新竹市玻璃工艺推动过程与发展困境之探讨[J]，文化创意产业国际高峰会，P130～143，2002.

（5）财团法人国家文化艺术基金会策划，文化创意产业实务全书[M]，台北商周出版：城邦文化发行，2004.

（本案例由厦门大学广告系研究生王芳撰写）

十七、澄海玩具借力动漫文化

澄海是广东的一个小县城，它为人们所熟知，缘于澄海玩具制造业的兴盛。全国玩具看广东，广东玩具看澄海，在澄海，从事玩具礼品生产的企业达2 800多家，从业人员超 10 万人。初步形成造型设计、原料供应、模具加工、零部件制造、装配成型、包装和产品销售运输等分工协作的生产经营体系[1]，是我国生产、出口玩具的重要基地，其产品远销往全世界各地。作为全国百佳产业集群之一的澄海玩具已成为一张闪亮的区域品牌名片。

澄海玩具区域品牌的形成并非一蹴而就，它的形成分两种方式：一是从代工模式到自主品牌模式转变的自主品牌建设；二是政府主导下进行的集体商标的创作、动漫名城的打造、抱团式展会、网络宣传等区域品牌建设。这两个方式并非完全独立，而是在交叉进行中互相影响。

1 区域产业品牌塑造背景

和晋江鞋业产业集群相类似，在澄海玩具业起步之初，东莞已经拥有雄厚的产业基础和丰富的国际市场运作经验，彼时的澄海玩具只能靠 OEM 生产模式来打开市场。出口门槛提高、人民币持续升值、原材料价格持续上升，中国出口退税新政策、加工贸易限制新政策、劳动保障法新规定等国际政治经济形势向澄海玩具，尤其是贴牌代工企业，提出了更大的挑战。这些贴牌代工企业多年来饱尝没有品牌、受制于人的苦头，充分意识到OEM已不适应企业的长远发展，因此开始探寻ODM自主设计加工模式和OBM自主品牌生产的道路。

图1 澄海玩具工厂

(1)澄海玩具企业技术研发意识增强。澄海玩具企业主动开展产品研发，敢于投入，瞄准新工艺、新技术源源不断开发新产品，不少企业年研发投入约占销售额的3%～5%，经费投入超1 000万元，研发人员约100人。澄海还组建了多个省级、市级、区级工程技术研发中心。澄海玩具企业还注重招揽人才，不管是各大院校的学生还是海外的洋工程师，只要具有较强技术开发能力，都是澄海企业高薪聘请的目标。

(2)澄海玩具企业质量意识不断增强。全区已有近30家企业获得ISO质量体系认证，有82家玩具企业获得中国玩具安全质量认证证书。部分企业还成立玩具测试中心，保证产品质量。

(3)澄海玩具企业维权意识增强。澄海先后制定一系列有关政策，引进和组建澄海专利信息研究发展中心、专利战略咨询中心等7个专利服务机构，为企业开展专利知识产权工作提供便利。澄海玩具业累计拥有专利授权6 000多件，拥有3个中国名牌产品、4个中国驰名商标、33个广东省著名商标[4]。为了更好地维护企业利益，澄海玩具还积极通过法律途径起诉仿冒的侵权行为。

培育自主品牌，使澄海玩具赢得市场的主动权。深圳、东莞大多玩具企业是代工企业，金融风暴一来，这些企业以倒闭收场，澄海玩具产值和利润却蒸蒸日上，这与澄海玩具注重培养自主品牌分不开。

2 区域产业品牌建设

澄海玩具区域品牌的形成和发展离不开政府和行业协会的正确引导：

(1)政府的资金支持。政府出台一系列政策措施，从财政投入、税费优惠、信贷支持等方面加大对企业的扶持力度。比如对规模较大企业实行用电、用水优惠等。政府的资金支持为澄海玩具企业发展营造了良好的环境。

(2)政府对澄海玩具行业的监管，包括政府对玩具质量推广力度和出口检测力度。区政府还出台《澄海市玩具产品和技术维权公约(试行)》等法规，保证澄海玩具生产的整体质量。

(3)政府帮助企业组建玩具协会、工艺美术协会，规范行业间管理，促进产业集群的健康发展。影响力较大的行业协会是澄海玩具协会，该协会自1999年起承办每年一届的中国澄海国际玩具工艺品博览会，建立澄海玩具协会等网站，定期出版内部刊物《澄海玩具与礼品》，定期出版澄海玩具信息报，为澄海玩具企业拓展国内外玩具市场服务。

(4)政府组织和推动澄海玩具的营销。澄海政府善于利用各种营销渠道宣传澄海玩具的区域品牌形象。在办好每年一届的澄海玩博会基础上，组织企业参加国际博览会、专业博览会、广州国际玩具礼品展等各类经贸活动。鼓励、扶持有条件的企业到境外建立营销网点，拓展营销渠道。澄海工商局还牵头协调、组织、指导玩具企业参加各种玩具展会，主办澄海玩具区域国际品牌推广语有奖征集评选活动，为澄海玩具造势。可以说，澄海玩具大部分的区域品牌营销策略都是在政府或行业协会的带动下形成的。

2.1 聚沙成塔

澄海玩具区域品牌的营销推广建立在澄海玩具企业的集体意识基础之上。伴随着企业，尤其是自有品牌企业的成长，澄海玩具已经具备一定的行内知名度。虽然澄海的玩具企业有了较大的发展，但面对国内外发展迅速的玩具产业，需要政府出面，聚合行业优势，打造澄海玩具的品牌伞，以促使区内大大小小的玩具厂家的发展。

在政府的引导下，澄海玩具大打品牌名城战略，将一干荣誉称号尽收囊中。澄海玩具先后被中国轻工联合会授予全国唯一的"中国玩具礼品城"称号，同时又将产业集群升级示范区、创建区域国际品牌试点地区、国家火炬计划澄海智能玩具创意设计与制造产业基地、广东动漫（玩具）创意产业集群①等。初步形成区内个体企业品牌与区域产业品牌良性互动，具有鲜明特色和明显竞争优势的澄海军团。

澄海还注册了澄海玩具集体商标，作为推动区域品牌发展的主要载体，外地访客进入澄海的第一时间会收到澄海玩具区域国际品牌短信宣传信息。政府还牵头组织制定澄海玩具区域国际品牌战略规划，扶持成立澄海玩具礼品国际品牌发展中心，作为区域品牌运营管理机构，在工商机关的引导下，拥有驰名商标、著名商标的澄海玩具企业主动在产品外包装上加贴澄海玩具集体商标②，使澄海

---

① http://www.cchtoy.cn/new1.aspx。

② http://www.qjy168.com/forum/d_296705.html? page=4。

区域品牌推介工作初见成效。

2.2 打造动漫名城

澄海玩具品牌聚沙成塔，澄海玩具的区域品牌营销策略最具代表性的是打造动漫名城。优秀的区域品牌必然要与当地的文化接轨，将文化或者产业特色镶嵌在品牌中，形成品牌个性，才能更好地推广区域品牌。澄海政府深谙此道，在澄海“崇文重教”等文化和工艺美术底蕴的基础上提炼出动漫名城这一条区域品牌个性主线。

图 2 澄海玩具协会会标

动漫产业被称为“新兴的朝阳产业”，具有市场需求大、消费群体广、产品生命周期长、高成本、高投入、高附加值、高国际化等特点。玩具是动漫的延伸品，也是动漫的“命根子”，动漫赚钱的途径就是授权，授权的主要途径就是玩具。玩具和动漫产业的挂钩是玩具产业的必经之路。

目前，澄海区玩具礼品产业发展已搭上动画、漫画文化产业发展的顺风车。政府的牵引下，澄海区近年来的动漫名城打造取得一定的成果。

2006 年，澄海获科技部批准设立国家火炬计划汕头澄海智能玩具创意设计与制造产业基地。2008 年初，澄海区与中央电视台央视动画有限公司签订合作协议，建立战略伙伴关系，成为央视动画形象玩具产品的指定生产基地。同时，澄海区财政专门设立扶持动漫文化产业发展专项资金，2008—2010 年，每年在区财政预算中安排 600 万元设立动漫文化产业发展专项资金。

图 3　澄海玩具展厅

图 4　战龙四区

澄海玩具知名企业无不把动漫作为提升品牌形象、产品底蕴的最佳方式。奥飞动漫文化股份有限公司自行制作《火力少年王》、《电击小子》、《巴啦啦小魔仙》、《战龙四驱》、《闪电冲线》等动漫片，针对各动漫作品中的人物形象、道具、故事情节等开发包括玩具、文具、服装、精品、电动软件及网络游戏等动漫延伸品，打造完整的动漫产业链。骅威获得央视授权开发《小鲤鱼历险记》，与湖南金鹰卡通卫视协作开发《格斗机器人》机器动漫玩具产品，还向央视购买《美猴王》毛绒玩具系列授权。小白龙与浙江中南卡通影视集团有限公司合作研发动漫片《星际飚车王》，这是我国首部以自主创新的玩具产品为题材开发的玩具与卡通结合的动画片，小白龙还购买了《猪猪侠 5》积木玩具系列产品授权。飞轮公司目前推出了 50 多款“海宝”动漫衍生产品。

与动漫产业合作的方式主要有两种类型：向动漫公司购买版权进行玩具生产，比如小白龙购买《猪猪侠 5》授权的方式；与动漫公司合作自行创作动漫作品并生产其衍生物，比如奥威自行制作的《战龙四驱》动画片以及大卖的四驱车。

在澄海，政府和企业都将动漫文化融入企业和区域品牌的形象。个别企业起示范带头作用，进而形成澄海动漫玩具产业集群规模，成为名副其实的动漫名城，以获得更大的经济收益。

2.3 展示厅营销

澄海不仅玩具厂家多，玩具展厅也多，而且面积大，这成为澄海玩具产业的一大特色。[①] 据了解，在澄海，拥有大规模展厅的企业不下 10 家，拥有中小型玩具展示厅的企业更是不计其数。拥有较大规模展示厅的玩具企业包括艺丰、小白龙、华达、艳阳春、海阳、新时代、美佳、美乐、海源泉。这些展示厅能直观、具体地将澄海玩具企业的产品和品牌展示给客户，对澄海玩具区域品牌而言，这造就了足够的气势和品牌特色，使得前来澄海洽谈生意的外地客户不断增多，也使得这些客户对澄海玩具印象深刻。

澄海玩具企业还热衷参与德国纽伦堡玩具展、迪拜玩具展览会、香港玩具展等境外大型玩具专业展会。参与这些展会要花费大

---

① http://blog.china.alibaba.com/blog/71299702/article/b0-i19444630.html。

量的人力、物力、财力。为了解决这一问题，也为了澄海玩具长远的发展，澄海玩具跨出国门，在国外设立展示厅常年展出，以近距离接触国外客户，扩展国外市场。如图所示是中国玩具产业第一个国外展示中心——澄海玩具迪拜展示中心。该中心于 2010 年 9 月底在中东国家阿联酋迪拜试运营，11 月 28 日正式开业。目前已有 100 多家澄海玩具企业进驻澄海玩具迪拜展示中心，包括奥迪、群兴、星辉等知名企业。澄海玩具迪拜展示中心的设立，进一步提高其区域品牌的影响力和知名度，也将澄海玩具展示厅营销策略运用到极致。

参考文献

〔1〕袁乐清，澄海玩具产业转型升级提速[J]，中外玩具制造，2006，(01)，P18～19.

〔2〕陈史，请进来　走出去　澄海玩具企业积极引才促科技创新[J]，玩具世界，2010，(4)，P17.

〔3〕罗仰鹏，玩具产业集群专题探讨之一：关于澄海玩具产业集群发展问题的探讨[J]，玩具世界，2006，(8)，P24.

〔4〕王文璧、吕春根，逆势而上　澄海领跑中国玩具行业——澄海玩具博览会见证澄海玩具的强势发展模式[J]，玩具世界，2009，(5)，P24.

〔5〕余石金、张幼莲，澄海玩具协会：做澄海玩具业的领航员[J]，玩具世界，2010，(3)，P28.

〔6〕王文碧、李春根，澄海玩具还会创造什么样的奇迹[J]，玩具世界，2010，(6)，P9～10.

（本案例由厦门大学广告系研究生郭晓玲撰写）

十八、区域产业品牌案例研究总结

传统地理标志产品广泛分布，改革开放后形成为数众多的现代产业群落，这些产品和产业对当地经济和社会发展具有重要意义，各地方政府和行业协会都试图把这些特色和优势产品做大做强，实施区域产业品牌化战略。区域产业品牌化战略的目标，是为区域内从事特色产业的企业拓展区域外市场提供背书，从而让区域外消费者更易接受其产品和服务；同时借由区域内众多被背书企业提供的优质产品和服务，强化区域外消费者对区域产业品牌的好感，二者形成良性互动。区域产业品牌化战略通过聚合区域产业内部大大小小的企业共同开拓市场，形成鱼群效应，这是符合中国国情的创牌之路。

通过研究上面 16 个区域产业品牌案例发现，传统地理标志性产品（如广东凉茶）和现代产业集群（如澄海玩具）产业优势形成的时间有差异，工业化程度也不同，打造区域产业品牌时应有必要进行区分，尽管有时区域产业很难归为传统地理标志性产品或现代产业集群。总的来说，传统地理标志性产品形成的时间较长，通常都有 100 年以上的历史，由于其长期形成的产业优势和声望，通常其他区域要发展类似产业与之竞争比较困难。因此，传统地理标志性产品面临的问题常常是“公地悲剧”、“水土不服”和“窝里斗”。“公地悲剧”即是外区域盗用地理标志性产品的盛名以及本地不法商人鱼龙混杂从中谋利。“水土不服”是由于许多地理标志性产品的区域色彩过于浓厚，反而成为其向外地拓展市场时的障碍。“窝里斗”则指区域内从事特色产业的不同企业之间采用相互压价之类的方式进行恶性竞争，最终做薄了利润，砸了区域产业的牌子。

本书通过多个案例讨论国内地理标志性产品发展过程中的“公地悲剧”、“水土不服”和“窝里斗”等现象，从而建议，发挥行业协会的主导作用，可以有效阻止“公地悲剧”的发生；对于那些区域特色过于浓厚的产业来说，要走向全国就必需淡化区域色彩，结合产品功能寻找通用诉求；规避区域产业内部同质化恶性竞争，可通过价格分段策略、广告运动、精雕细琢的生产过程与文化积淀来塑造产业内部各企业之间的产品差异性；将技艺教育纳入从小学到大学的正规教育系统，不仅可以为传统地理标志产品提供传承的空间，而且可以强化传统技艺常识，强化该区域品牌的认同度；加强异业联合，邀请不同领域的艺术家通过研讨会等形式对当地业者进行技艺交流，通过不同的思想碰撞和交流，在传统技艺基础上不断创新。

相对而言，现代产业集群形成的时间较短，中国的现代产业集群多出现在改革开放后的 30 年间，欧美的现代产业集群更早些。与传统地理标志性产品不同，现代产业集群一生下来，就面临着与其他区域进行争夺产业领导权的问题。由于缺乏历史积淀形成的独特优势，“公地悲剧”很少发生于现代产业集群上。现代产业集群多是生产全球通用的工业化产品，因此也无水土不服的问题。我们还发现，传统地理标志性产品多是 B2C 的产品，而现代产业集群则更多 B2B 产品。现代产业集群的形成十分迅速，但也可能在悄无声息中衰退。没有文化底蕴、没有强有力的营销手段、缺乏核心优势、容易复制……因规模而聚集的产业集群都可能因上述原因而被后起之秀超越。企业模式可以复制，同样的生产模式再到另一个地方，就又可以汇聚成一个产业集群。因此，现代产业集群面临的最严重的问题就是与其他区域进行竞争。

在全球经济一体化的大环境下，中国制造大国的地位逐步提升，制造业呈区域化、规模化、系统化的趋势发展，产业集群现象已十分明显。北京中关村号称“硅谷”，聚集着IT产业和电子行业；广东佛山的陶瓷，东莞的电子、服装、模具，惠州的制鞋，中山的灯具，顺德的家具和澄海市的玩具、工艺品业已形成规模品牌效应；上海聚集了纺织业和机械制造业；浙江嵊州的领带业；温州的鞋、服装、眼镜；义乌的小商品；绍兴的轻纺、化纤，黄岩的模具；永康的五金，海宁的皮革、服装；余姚的轻工模具；鄞县的服装；奉化的服饰；慈溪的小家电；永嘉的纽扣、泵阀；路桥的日用小商品；金乡标牌；大唐的袜业；瓯海的阀门；柳市的低压电器；台州的精细化工；四川的中国航天产业；这些现代产业集群的发展在国内都十分有名。据有关部门统计，仅浙江省目前拥有年产值亿元以上的产业集群区就有519个，年产值达6 000亿元，平均每个县有3个产业集群。这些产业集群极大提高了所在地区的经济影响力，是我国经济发展中的亮点。

经过20多年的发展，国内的产业集群呈现出区域品牌化的发展态势，但品牌化的效应并未在国际市场范围广为传播，在海外形成著名区域产业品牌效应的少之又少。将现代产业集群塑造成具有核心竞争力的区域产业品牌，是中国目前众多中小企业的最佳选择。强势品牌为谋取更大的社会和经济利益必须驰骋国际市场，在全球一体化经济的海洋中磨炼和腾飞。中小企业单独创建国际品牌困难大、时间长、成功概率小，就中国目前的现状而言，区域品牌与单个企业品牌相比更具实力。众多中小企业通力合作，将企业品牌精华浓缩和提炼，共同铸造区域的航空母舰品牌。借助区域产业品牌的能量，众多中小企业走出国门时，可以在较短的时间内以较低的成本获取海外客户的认可。

本书通过多个案例讨论国内现代产业集群发展过程中的瓶颈问题。通常改革开放初期，中国现代的许多产业集群都是为外资品牌进行代工生产，随着代工利润越来越微薄，企业家们开始意识到，仅靠代工不足以支撑企业的长远发展。因此，中国的现代产业集群几乎都经历了从单纯的“数量经济”跨越到“质量经济”，再到“品牌经济”的发展模式转变。从数量到质量，很多现代产业集群都能实现这种转变，但是要从质量转向品牌，还有很长的一段路要走。通过对意大利瓷砖等国际国内成功的现代产业集群的研究，本书建议，创立并推广统一的区域品牌商标，整个区域产业清晰定位，对外保持一致宣传；举办并参加世界顶级的展会；融合本国文化基因策划独具魅力的文化营销；不断制造事件吸引注意力；体验式营销，让消费者或游客参与产品体验；建设产业博物馆与地方文化馆等。当然，政府的强力推动和行业协会的积极配合也必不可少，由政府出面建立产品研发中心、注重创新，则是区域产业品牌对外传播成功的基本保证。

图书在版编目(CIP)数据

区域产业品牌案例研究/林升栋编著. —厦门:厦门大学出版社
(品牌与广告研究书系/黄合水主编)
ISBN 978-7-5615-3766-4

Ⅰ.①区… Ⅱ.①林… Ⅲ.①地区经济-产业经济学-经济发展战略-研究-中国 Ⅳ.①F127

中国版本图书馆 CIP 数据核字(2011)第 012138 号

厦门大学出版社出版发行
(地址:厦门市软件园二期望海路 39 号 邮编:361008)
http://www.xmupress.com
xmup @ public.xm.fj.cn
厦门集大印刷厂印刷
2011 年 4 月第 1 版 2011 年 4 月第 1 次印刷
开本:889×1194 1/32 印张:5.25 插页:2
字数:151 千字 印数:1～3000 册
定价:25.00 元